DEFRANCE,

REPRÉSENTANT DU PEUPLE,

DÉPUTÉ PAR LE DÉPARTEMENT

DE SEINE-ET-MARNE,

AU CITOYEN CREUSÉ PASCAL,

SON COLLÈGUE,

Sur sa dénonciation à la Convention nationale, d'une CONSPIRATION *dans les Colonies françaises, & sur-tout à Saint-Domingue.*

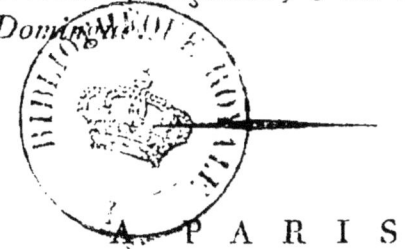

A PARIS

DE L'IMPRIMERIE DE BECQUART.

An IIIe. de la République française Une et Indivisible.

DEFRANCE,

REPRÉSENTANT DU PEUPLE,

DÉPUTÉ PAR LE DÉPARTEMENT

DE SEINE-ET-MARNE,

AU CITOYEN CREUSÉ PASCAL,

SON COLLÈGUE,

Sur sa dénonciation à la Convention nationale, d'une CONSPIRATION *dans les Colonies françaises, et sur-tout à Saint-Domingue.*

LES principes du gouvernement ont changé avec les agens employés à diriger ses opérations; et la Convention nationale, toujours occupée du bonheur du peuple, cherche à réparer les calamités dont il a été frappé. Elle a porté ses regards sur le commerce que la faction anglaise, sous les auspices de Robespierre, avoit anéanti; et Lyon, Nantes, Bordeaux, etc. pourront peut-être reprendre bientôt la place que leur avoient donnée la nature et l'industrie

La même main qui dirigea les noyades de Nantes, les canonnades de Lyon, etc.; la même main qui assassina en France l'agriculture, le génie des arts, de la navigation, des manufactures et du commerce, cette même main égorgea les Français dans les Colonies, et bouleversa les Antilles.

Tu as parfaitement prouvé que Polverel et Sonthonax étoient, à Saint-Domingue, les agens, les ministres de ce système de dissolution et de mort, mais tu n'as pas signalé la puissance qui les dirigeoit; tu n'as pas fait connoître leurs rapports avec le gouvernement conspirateur. Je me serois peut-être imposé cette tâche honorable, si je n'étois persuadé

A

que la Convention nationale va se mettre enfin en mesure de développer cette grande intrigue. Jamais elle ne l'a pu mieux qu'aujourd'hui, puisqu'elle tient sous sa main tous ceux qui, depuis cinq ans, ont occupé le théâtre politique de ces malheureuses contrées. Je ne me permettrai pas de blâmer les motifs qui ont pu déterminer les mesures adoptées jusqu'à ce jour, pour nous éclairer sur ces grands intérêts ; mais je ne crois pas qu'elles puissent présenter des résultats utiles. Cependant l'Angleterre conquiert ou dévaste nos Colonies, et chaque jour ajoute à leur ruine ou à leur asservissement ; cependant le gouvernement, ne pouvant connoître la nature, la situation des choses, la moralité, la religion politique des personnes, ne peut prendre aucune détermination, sans crainte d'être trompé dans le choix des élémens dont il composeroit ses expéditions. Quelques séances d'une discussion contradictoire, que l'on promit à la Convention nationale, en lui demandant la suspension du décret d'accusation contre Polverel et Sonthonax, auroient, depuis six mois, expliqué ce problème politique, dont la solution doit rendre à la France son influence dans le monde commerçant. La Convention nationale commandera sans doute cette mesure salutaire ; peut-être les notes, que l'amour de mon pays me commande d'ajouter à celles que tu as données sur cette grande question, feront sentir le besoin d'en accélérer l'époque.

Tu as parfaitement prouvé que, pendant l'exercice de leurs fonctions à Saint-Domingue, Polverel et Sonthonax n'ont cessé de subordonner la loi à leurs passions, à leur intérêt ; qu'ils ont constamment empêché l'exécution de celle du 4 avril 1792, qui établit l'égalité politique entre les Colons blancs et ceux de couleur (et qui étoit l'objet exprès de leur mission) ; qu'ils ont déchiré cette Colonie ; qu'ils y ont provoqué, nourri, alimenté la guerre entre les hommes libres et les esclaves, et encore entre les blancs et les hommes de couleur ; qu'ils ont détruit les villes et ravagé les campagnes.

Tu as prouvé qu'après avoir provoqué la guerre civile entre les matelots et les hommes de couleur, ils ont donné l'ordre de mettre le feu à l'escadre et au convoi ; tu as dit qu'ils avoient en même-tems commandé, et fait exécuter l'incendie du Cap et le massacre des Colons blancs qui l'habitoient.

J'avoue, citoyen collègue, que je n'ai pu te croire, et cependant je te porte une entière confiance. L'ordre d'incendier l'escadre et le convoi, existe en nature. Tu as fait marcher, à côté de lui, la déclaration du commandant de l'artillerie, qui a refusé de l'exécuter : mais j'ai voulu voir, par moi-même, sur quelles preuves tu as pu asseoir l'inculpation que tu diriges contre Polverel et Sonthonax, sur le fait de l'incendie de la ville du Cap et du massacre de ses habitans. Alors, comme toi, j'ai étudié l'affaire des Colonies ; et je demeure convaincu que, s'il étoit possible de te faire un reproche, ce seroit de ne pas avoir dit toute la vérité. Je présume cependant, qu'incapable d'être arrêté par aucune considération personnelle, de grands motifs d'intérêt public t'ont seuls arrêté. Tu as craint d'être accusé d'exagération ; tu as craint de remuer des passions puissantes ; tu n'as pas voulu présenter un homme qui siège parmi nous, dirigeant les brigands royalistes, aux cris de *vive le roi ! vivent les commissaires !* Tu n'as pas voulu le présenter, disant à ces brigands : « *Courage, nègres, brûlez, incendiez, tels sont les ordres des commissaires ! égorgez tous les blancs, qu'ils soient tous grillés comme des cochons* ».

Tu as prouvé que Polverel et Sonthonax, désespérés de voir l'escadre et le convoi échapper à l'incendie, ont donné, à tous les commandans des ports de la Colonie, l'ordre de repousser, à coups de canons, et de détruire tous les vaisseaux de la République, qui se présenteroient, pour quelque cause que ce pût être ; mais tu n'as pas assez développé les vues, les résultats de cet audacieux système.

Tu as prouvé que, gorgés d'or et de sang, Polverel et Sonthonax ont placé les Colons entre la torche et le poignard de leurs assassins, et la protection de l'Angleterre et de l'Espagne ; qu'ils ont livré à une poignée d'Anglais la ville du Port-au-Prince ; qu'ils ont lâchement abandonné cette ville, après avoir mis en opposition les différentes corporations d'hommes de couleur et de nègres, pour faciliter aux Anglais la conquête de cette place, devant laquelle ils n'ont perdu qu'un seul homme. Mais tu n'as pas dit que, pour empêcher le gouvernement d'envoyer à Saint-Domingue des troupes qui auroient paralisé ce systême natienicide, ce même homme n'a cesse de dire et d'ecrire au sein meme de la Convention nationale, qu'elle n'avoit pas besoin de s'occuper de ces contrées, depuis que Polverel et Sonthonax avoient armé quatre cent mille nègres, qui tous avoient juré de perir, pour se conserver à la République et à la liberté. Tu n'as pas dit que, pour aliéner les Colons, échappés jusqu'alors aux poignards des satellites de Polverel et Sonthonax, et pour ajouter au systême de dissolution de Saint-Domingue, ce meme homme ne demandoit que des armes, des tribunaux révolutionnaires *acerbes* et des *guillotines*.

Tu as dit que Polverel et Sonthonax avoient partagé avec les brigands le pillage de la ville du Cap ; qu'ils s'étoient emparés des marchandises, des métaux échappés à l'incendie, et enfouis dans les décombres de la ville. J'en ai vu la preuve écrite de leur propre main, et je me suis convaincu, qu'ils ont condamné les citoyens, qui seroient pris faisant des fouilles dans leurs propres maisons, à être livrés au commandant militaire, pour être fusillés sur-le-champ. J'ai vu, et tu l'as ignoré sans doute, que Polverel et Sonthonax ont vendu, pour une somme de cinq cent mille livres, les nègres, esclaves de l'état, l'avant-veille du jour qu'ils ont proclamé la liberté générale de ces mêmes esclaves. J'ai vu, qu'ils ont chargé des denrées coloniales, des matières d'or et d'argent, même des canons de fonte, destinés à la défense de Saint-Domingue, sur plusieurs vaisseaux, qui, pris par des corsaires anglais, ont été restitués dès qu'ils ont été connus pour être la propriété de ces deux dictateurs. J'ai vu pareillement que Dufay a partagé avec eux les dépouilles, les richesses des citoyens égorgés par leurs ordres, ou fugitifs.

Sans doute, tu as fixé sur Polverel et Sonthonax l'attention des représentans et du peuple; sans doute, tu les as signalés comme des tigres, dont tous les pas ont été marqués par le sang et les cadavres de nos frères, les Colons français. C'est beaucoup pour l'humanité; ce n'est pas assez pour le peuple et la liberté. Sans doute tu nous prépares le développement des mesures qu'ils ont prises pour asseoir leur tyrannie; et les actes isolés, dont tu nous as démontré toute la scélératesse, prendront une teinte encore plus forte. Tu nous diras quelle étoit, à leur arrivé à Saint-Domingue, la situation de cette Colonie; quelle étoit l'attitude des Colons blancs, des hommes de couleur et des nègres. Tu nous diras quels étoient le but, la fin que ces deux grands coupables se proposoient dans la désorganisation, le déchirement, la dévastation de Saint-Domingue et le massacre des Colons français.

Alors nous saurons qu'à l'époque de leur arrivée à Saint-Domingue, les neuf dixièmes des campagnes de cette colonie étoient cultivées; que cent trente navires français, et une prodigieuse quantité de navires américains s'y sont chargés de denrées coloniales.

Alors, on saura que les villes étoient intactes, riches, populeuses et commerçantes.

Aujourd'hui ces campagnes sont incultes; toutes les habitations sont détruites. Les villes ont disparu devant Polverel et Sonthonax : leurs ruines seules attestent leur existence. Si quelques quartiers conservent encore quelques vestiges de leur richesse passée; s'ils ont échappé à la torche et aux poignards de Polverel et Sonthonax, ce n'est qu'en arborant l'étendart britannique.

Ce n'est pas là le langage de Polverel, de Sonthonax et de Dufay; mais c'est celui de la vérité. Je pourrois me tromper, peut-être : le gouvernement peut, mieux que nous, abattre le rideau qui nous dérobe ces contrées. Une discussion contradictoire, entre les divers agens des événemens de St.-Domingue, produira nécessairement cet effet, et la Convention nationale a bien mérité de la patrie, quand elle a décrété cette mesure.

Mais tu pourras dire qu'à leur arrivée à Saint-Domingue, Polverel et Sonthonax ont trouvé la loi du 4 avril 1792, acceptée par les Colons blancs, et loyalement exécutée. Entre mille preuves, tu citeras la lettre de l'ex-commissaire civil Roume, adressée à Polverel et Sonthonax, le 11 juillet 1792 ; trois lettres de divers hommes de couleur, adressées à l'homme de couleur Raymond, en date des 6, 9 et 12 juillet 1792 ; la lettre de Polverel et Sonthonax à la Convention nationale, du 25 octobre 1792, et la proclamation de ces mêmes ex-commissaires, du 12 du même mois.

Pour caractériser les hommes de couleur et les nègres, il suffira de répéter le portrait qu'en ont fait Polverel et Sonthonax dans leur lettre du 25 octobre 1792 à la Convention nationale.

» La majorité des citoyens de couleur, disent-ils, est peu instruite ; ils épousoient aveuglément, et sans le savoir, les intérêts des ennemis de la France. Partout où leur cause triomphoit, le royalisme étoit restauré, le gouvernement populaire détruit. . . . . . La connivence étoit évidente entre le gouvernement et les révoltés. Ceux-ci décorés des ordres du roi, parés de la cocarde blanche, ne parlent de la liberté, que comme d'un objet très-accessoire aux causes de leur prise d'armes ».

» Ils veulent venger, disent-ils, *notre bon roi Louis XVI* ; ils veulent le remettre sur le trône. Malheur à celui qui tombe entre leurs mains avec le signe de la liberté : il est haché sans miséricorde. Il n'y a de sûreté que pour la cocarde blanche et l'écharpe blanche. Les officiers-généraux, les colonels, et autres officiers de l'ancien régime, peuvent aller dans les camps des révoltés : ils en sont idolâtrés ».

A ce portrait que Polverel et Sonthonax font du nègre et du mulâtre, on peut ajouter celui qu'en a fait Dufay dans son compte rendu à la Convention nationale, imprimé par ordre du comité d'instruction publique, folio 55.

» C'est une providence protectrice et divine, qui a veillé pendant ces jours d'anarchie et de désordre, de sang et de feu, à la conservation du reste de la population blanche, et même de celle appellée de couleur; car, il se trouvoit quinze nègres esclaves armés, pour un homme libre. Mais nous dirons, malgré la grossiereté, ou plutôt la *nullité* des principes de ces peuples encore *brutes*, et dont beaucoup même viennent de *hordes d'antropophages*, et que la guerre qu'ils faisoient aux blancs, depuis trois ans, avoient rendus plus *féroces* ; nous dirons que les délégués de la France furent toujours respectés par ce *mélange de nations, qui n'ont aucune idée de nos coutumes, de nos lois et de nos usages*..... Ces nègres n'entendoient le Français qu'avec difficulté ; et dominés par l'esprit de *pillage*, à peine les créoles pouvoient-ils leur faire entendre raison ».

Après avoir prouvé que les hommes de couleur et les nègres n'ont jamais été que les instrumens des contre-révolutionnaires ;

Après avoir prouvé que les corps populaires et les Colons blancs dans leur sens ont fait tout ce qui étoit en eux, pour exécuter la loi du 4 avril ;

Après avoir prouvé que ces Colons blancs étoient pénétrés de respect pour la loi, et de dévouement pour la France, tu diras comment Polverel et Sonthonax ont organisé l'oppression et la tyrannie :

Tu diras comment ils ont, sur-tout par leurs discours à l'assemblée coloniale du 19 septembre 1792, et par leurs proclamations du 4 décembre suivant, cherché à aliéner l'esprit et la confiance des Colons contre la Convention nationale; comment ils ont cherché à disséminer parmi eux l'esprit de désobéissance et de révolte. Entr'autres preuves, tu liras celle-ci :

» Invariablement attachés aux lois que nous venons faire exécuter, nous déclarons, au nom de la métropole et de l'assemblée nationale, que nous ne reconnoîtrons désormais que deux classes d'hommes dans la colonie de Saint-Domingue : les libres, sans aucune distinction de couleur, et les esclaves ».

» Nous déclarons qu'aux assemblées coloniales seules constitutionnellement formées, appartient le droit de prononcer sur le sort des esclaves ».

» Nous déclarons que l'esclavage est nécessaire à la culture et à la prospérité des Colonies, et qu'il n'est ni dans les principes, ni dans la volonté de l'assemblée nationale de toucher, à cet égard, aux prérogatives des Colons ».

» Nous déclarons que nous ne reconnoîtrons pour amis de la France, que ceux qui le seront de sa constitution, sauf les modifications que commandent l'esclavage et les localités : tels sont mes principes ; telle est ma profession de foi ; que le jour où j'en changerai, soit le dernier de ma vie ».

» Et s'il étoit possible, citoyens, que l'assemblée nationale *égarée* pût se porter à oublier les prérogatives des habitans de Saint-Domingue, et à détruire, dans le régime colonial, le germe de sa prospérité, je déclare que je ne me rendrai jamais l'exécuteur d'une pareille injustice ; je déclare que je m'y opposerai de toutes mes forces : j'en fais le serment solemnel ».

Tel étoit le langage ; telle est la proclamation du 4 décembre 1792 ; tels étoient les principes souvent répétés de Polverel et Sonthonax. « Et s'il étoit possible, citoyens, que l'assemblée nationale *égarée* pût se porter à oublier les *prérogatives* des habitans de Saint-Domingue, et à détruire, dans le *régime colonial*, le germe de sa prospérité, je déclare que je ne me rendrai jamais l'exécuteur d'une pareille *injustice*; je déclare que je m'y opposerai de toutes mes forces: j'en fais le serment solemnel ».

Qui provoqua jamais avec plus d'audace, la méfiance et la révolte des Colons ? Avec quelle perfidie Sonthonax, après les avoir alarmés, se présente à eux, comme une égide protectrice! Avec quelle insolence il se place entr'eux et la Convention nationale! Qui croiroit que, huit mois après, le 29 août 1793, le même Sonthonax proclama l'affranchissement général de ces mêmes nègres, dont l'esclavage lui paroissoit si essentiellement lié à la prospérité des Colonies? Qui croiroit que, le 4 septembre 1793, Polverel et Sonthonax ont distribué à ces mêmes nègres, les terres de ces Colons blancs égorgés et fugitifs, auxquels ils disoient, le 19 septembre et le 4 décembre 1792, qu'à eux seuls appartenoit le droit de prononcer sur le sort des esclaves? Cependant ces mesures contradictoires ne sont qu'une suite de leurs combinaisons. Que Polverel et Sonthonax aient agi pour leur propre compte, ou pour les intérêts de l'Angleterre, leurs provocations contre la Convention nationale n'ayant pas produit sur l'esprit des Colons, l'effet qu'ils s'en étoient promis, ils révoltèrent ceux des nègres qui n'étoient pas encore en insurrection, et cherchèrent dans cette révolte les résultats qu'ils attendoient de leurs premieres mesures.

Après avoir développé le but, le plan de Polverel et de Sonthonax, dans cette double manœuvre, tu nous diras pourquoi ces conspirateurs ont créé une corporation aristocratique et inconstitutionnelle de douze individus, qu'ils ont investis, comme tu l'as dit avec vérité, de la faculté de faire des lois; pourquoi, dis-je, ils ont substitué cette corporation, sous le nom de commission intermédiaire, à l'assemblée coloniale, dont la formation étoit commandée par la loi du 4 avril. Ce n'est pas assez d'avoir démontré la criminalité de cet acte, il faut que tu développes le plan, l'intention, le but qu'ils s'étoient proposés.

Tu diras qu'après avoir organisé cette corporation législative, dont les actes étoient soumis à leur approbation, comme les individus qui la composoient, étoient soumis à leur domination; qu'après avoir, par cette même proclamation du 12 octobre 1792, pris les mesures nécessaires, pour empêcher la réunion des assemblées primaires, la formation de l'assemblée coloniale, commandée par la loi du 4 avril, et la nomination des députés de cette colonie à la Convention nationale, ils ont, par leurs proclamations des 30 novembre 1792 et 15 mars 1793, défendu, sous les peines les plus sévères, toute réunion, même des communes et sociétés populaires.

Tu diras comment et pourquoi, le 12 avril 1793, ils ont canonné, bombardé la ville du Port-au-Prince, parce que (1), conformément à la loi du 22 août 1792, elle avoit nommé des électeurs pour élire ses députés à la Convention nationale ? Tu ne laisseras pas oublier que, le 22 novembre 1792, Polverel écrivoit à cette même commune :

» La commune que vous représentez, messieurs, a donné un grand exemple de patriotisme. Après avoir éprouvé, pendant un an, tous les fléaux de la guerre, de l'incendie et des brigandages de toute espèce, la malheureuse ville du Port-au-Prince a pourtant trouvé, dans les débris de son ancienne opulence, de quoi sacrifier un million au salut de la colonie ; et plusieurs de ses habitans ont offert à l'envi leur tems et leurs soins pour la perception de cette contribution, en renonçant d'avance à toute espèce d'émolumens et d'indemnités ».

» Il faut que toute la Colonie connoisse ce beau dévouement à la chose publique, pour électriser les ames les plus froides et les plus égoïstes ; il faut que la France en soit instruite, pour apprendre à connoître les vrais amis de la patrie. Elle saura par nous que nulle part la loi n'a de plus rigoureux observateurs, ni la métropole d'enfans plus soumis, ni la révolution française et la Convention nationale de plus chauds défenseurs, etc. »

---

(1) La loi du 22 août déclaroit qu'il y avoit urgence à la nomination des députés des colonies. Elle autorisoit les communes à s'assembler pour cette nomination, lors même qu'elles n'y seroient pas provoquées par les autorités constituées.

D'après un pareil acte, on ne pourra croire, sans-doute, que Polverel et Sonthonax ayent pu canonner, bombarder la ville du Port-au-Prince. Mais pour convaincre les plus incrédules, tu relateras leur proclamation du 24 avril 1793, afin qu'on puisse bien se convaincre, qu'ils ont imposé cette ville d'une somme de quatre cent cinquante mille livres, en échange de trois mille six cents boulets, qu'ils lui avoient envoyés par les batteries du vaisseau l'*América* et de la frégate la *Fine*.

Tu feras sur-tout bien observer que toutes ces manœuvres n'avoient pour but, que d'empêcher la nomination des députés à une assemblée coloniale et à la Convention nationale ; et cela, sais-tu pourquoi ? parce qu'une assemblée coloniale, composée de colons éclairés et dévoués à la France, auroit paralisé leur malveillance ; parce que des députés à la Convention nationale auroient déchiré le voile, qui a toujours enveloppé et qui couvre encore la faction anglaise. Polverel et Sonthonax ont envoyé des députés, il est vrai ; mais ces députés sont ceux de Polverel et de Sonthonax : ils ne peuvent être ceux de la colonie. Tu diras pourquoi et comment ils ont été nommés : je me réserve d'en dire aussi quelque chose.

Après avoir prouvé que les colons blancs étoient fidèles à la France et à ses principes ; que Polverel et Sonthonax ont fait tout ce qu'ils ont pu, pour porter parmi eux l'esprit de méfiance et de révolte ;

Après avoir prouvé qu'au mépris des lois du 4 avril et 22 août 1792, ils ont fait tout ce qu'ils ont pu pour substituer à une assemblée coloniale constitutionnelle, une corporation nommée par eux, et placée sous leur main, pour faire, sous leur approbation, des réglemens et des lois pour Saint-Domingue ;

Tu diras comment ils ont empêché que les hommes de couleur fussent mêlés à la garde nationale, parce que Polverel et Sonthonax connoissant parfaitement la moralité, l'intelligence de cette espèce d'hommes, craignoient avec raison que leur mélange, leur fusion dans la garde nationale blanche, modifiant leur caractère et leur moralité, les arrachât à leur influence. En effet, disoient-ils à *Adet*: « *Mon ami, ces gens-là nous ont donné bien du mal pour les mettre dans notre parti* ». Et par leur lettre du 25 octobre 1792, adressée à la Convention nationale, et relatée folio 6, tu prouveras que ces deux ex-commissaires avoient la juste mesure de l'intelligence des nègres et des hommes de couleur.

Par leur proclamation du 27 octobre même année, tu prouveras qu'ils connoissoient la somme d'influence que les agens de l'ancien gouvernement exerçoient sur eux.

» Vos plus grands ennemis étoient au milieu de vous, disoient-ils aux colons, (lorsqu'ils eurent déporté Blanchelande, et quelques uns de ses complices;) ils n'y sont plus; vous en voilà délivrés à jamais. Ceux qui avoient excité ou provoqué la révolte de vos esclaves; ceux qui avoient fait égorger vos pères, vos frères, vos épouses, vos enfans, bruler et dévaster vos propriétés; ceux qui, chargés de diriger la force publique contre les brigands, la tournoient contre vous-mêmes; ceux qui revéloient aux brigands le secret de vos forces et de votre foiblesse, le lieu, le jour, le moment des marches et des attaques projettées........; ceux qui faisoient distribuer aux brigands les armes, les munitions de guerre et de bouche, que la métropole vous envoyoit pour votre défense......; ceux qui ont fait périr les trois-quarts de vos troupes;...... ceux qui ont si long-tems fomenté les haines, si long-tems soufflé le feu de la guerre civile entre les différentes classes d'hommes libres, pour qu'ils s'égorgeassent entr'eux, pour les empêcher de se rallier à la défense commune,.... ne sont plus ».

Tu prouveras que Polverel et Sonthonax ont marché, d'après les mêmes erremens; qu'ils ont suivi le même système de désorganisation, de dissolution et de mort.

La lettre que leur écrivit l'armée, le 24 octobre 1792, et cent autres preuves que tu peux ajouter à celles que tu as déja données, démontreront cette vérité.

Ce n'étoit pas assez pour Polverel et Sonthonax, d'avoir tenu les hommes de couleur isolés de la garde nationale blanche, tu feras observer que pour les placer plus immédiatement sous leur main; et pour se donner une force coërcitive contre les hommes de couleur même, ils ont, le 16 décembre 1792, organisé des compagnies-franches d'hommes de couleur et nègres, *pris*, disent-ils, *parmi les citoyens de couleur et nègres libres*.

Tu feras observer que pour faire, à leur profit, équilibre à cette garde prétorienne, ils ont, le 29 avril 1793, ordonné que tous les officiers et commis des finances, de l'administration, de l'artillerie et de la marine, seront mis hors de la garde nationale, et seront exempts de tout service personnel et de tout remplacement.

» Défendons, disent-ils, à tous commandans et officiers de la garde nationale, de commander les citoyens ci-dessus désignés pour le service de la garde nationale.»

» Défendons auxdits citoyens de faire ledit service de gardes nationales, les autorisant, à cet effet, à désobéir aux ordres, si aucuns leur étoient donnés par lesdits chefs de gardes nationales ». C'est ainsi que Polverel et Sonthonax plaçoient, sous leur main, une force armée immense, parce que les agens de ces différentes administrations composoient, au moins, le tiers de la force armée des villes de Saint-Domingue.

Après avoir prouvé que Polverel et Sonthonax ont ajouté à leurs premiers moyens de tyrannie, une double armée prétorienne, absolument subordonnée à leur action et à leur influence, tu feras connoître l'organisation des tribunaux qu'ils ont érigés pour placer les formes de la jurisprudence entr'eux et leurs victimes ; tu en trouveras la preuve dans leurs proclamations des 8 et 13 février, 20 et 21 août 1793.

» Il sera établi, dit Sonthonax, dans sa proclamation du 8 février 1793, un tribunal criminel extraordinaire, composé d'un accusateur public, de cinq juges et d'un greffier, *tous choisis et commissionnés par nous*.....

» S'il s'élevoit quelques contestations sur la compétence des juges, nous ordonnons qu'elles nous soient rapportées, pour être vidées sur-le-champ, *dérogeant pour cela à toute ordonnance contraire* ».

» Les appointemens du président, ajoute-t-il, dans sa proclamation du 13 du même mois, seront de douze cents livres par mois; ceux de l'accusateur public et de chaque juge, seront de mille livres »......

Tu feras observer que si Sonthonax a organisé un tribunal placé entièrement sous sa main, créé, nommé, salarié par lui; que si, pour ne manquer aucune de ses victimes, il s'est attribué la connoissance de toutes les questions d'incompétence, *dérogeant pour cela à toute ordonnance contraire*, Polverel a fait plus encore.

» Il sera établi, dans la province de l'Ouest, dit-il dans sa proclamation du 20 août 1793, une cour martiale, chargée de prononcer sur les crimes et délits, dont l'énumération sera faite ci-après.....

» Il faut l'unanimité des voix des trois juges, pour condamner à la mort; la loi ne la prononce que dans cette présupposition ».

» Dans tous les cas, où l'effet d'un jugement de la cour martiale n'est pas suspendu par la disposition précise de quelque loi, son exécution ne pourra être empêchée ni retardée, sous aucun prétexte, et aura lieu le jour même, s'il y a peine de mort ».

» Lorsqu'un accusé n'aura pu être arrêté et constitué prisonnier, l'accusateur public requerra le commissaire-instructeur, pour qu'il nomme un curateur à l'accusé absent. Le curateur ainsi nommé, sera tenu de prendre un conseil....

» La cour martiale connoîtra de tous délits militaires,..... de tous les faits de révolte contre la République française et *contre les autorités pour elle constituées dans la Colonie*,...... *de tous discours tenus, de tous conseils donnés* ».

Trois hommes choisis, salariés par Polverel,

peuvent égorger tout citoyen désigné par les deux tyrans. Aucune considération ne peut suspendre son arrêt de mort.

La fuite même ne peut dérober la victime; un curateur lui est donné, parce que Polverel, par d'autres dispositions de sa proclamation, ordonne la confiscation des propriétés, dans tous les cas possibles, *pour tous discours tenus, pour tous conseils donnés*. Quelle effroyable jurisprudence !

Cependant ces mesures paroissoient insuffisantes à Polverel; et le lendemain, 21 août, entr'autres dispositions, toutes également odieuses, il a ordonné que » ceux qui auront établi des représentans individuels dans la Colonie, seront responsables des faits civiques et militaires desdits représentans; en conséquence, si aucun desdits représentans se rend coupable de quelques-uns des faits auxquels l'article XLVIII a attaché la déchéance de la propriété, le commettant perdra la sienne, comme s'il s'étoit lui-même personnellement rendu coupable desdits faits ».

Il ne sera sans doute pas nécessaire, citoyen collègue, de développer ce que de telles dispositions ont d'atroce; chacun saura les apprécier, chacun verra que Polverel et Sonthonax n'ont voulu que la mort des colons, la dissolution de la Colonie, et avant tout, l'envahissement de toutes les fortunes.

A toutes ces preuves, tu peux ajouter celles résultant des proclamations de Polverel et Sonthonax des 27 octobre, 22 novembre, 22 décembre 1792, 24 avril, 3 mai, surtout de celle du 15 juillet 1793; alors tu prouveras qu'après avoir imposé la Colonie au quart de ses revenus; après avoir imposé, dans les différens quartiers, des contributions particulières, ils se sont emparés de toutes les richesses, de tous les métaux qui avoient échappé à l'incendie du Cap; alors tu prouveras que pour ne rien perdre de ces immenses richesses, ils ont défendu, sous peine de mort, aux citoyens de fouiller dans leurs propres maisons.

En discutant, comme tu l'as fait, les actes isolés

de Polverel et Southonax, tu démontreras, sans doute, qu'ils se sont constamment tenus hors de la loi : mais en développant le système de leur tyrannie, tu peux donner le fil de la conspiration tramée depuis cinq ans contre la prospérité et le commerce de la France ; tu leveras un pan du voile qui couvre à nos yeux cette faction anglaise, qui, depuis Lameth jusqu'à nos jours, a bouleversé la France et les colonies, en prenant tour-à-tour les costumes les plus contraires. Nous avons toujours considéré les colonies comme un accessoire à notre système. Les colonies sont, au contraire, le but, la fin des agitations que nous éprouvons depuis cinq ans, parce que c'est sur elles que reposent le commerce, les manufactures et la marine de la France. Aussi, depuis cinq ans, il n'est pas un seul des traîtres que la justice nationale a frappés, qui n'ait écarté toute discussion sur les colonies, et qui n'ait par tous les moyens possibles, cherché à égarer, à corrompre l'opinion publique, quand à la question relative à ces contrées.

L'Angleterre, dont l'influence comprimoit ou dirigeoit souvent notre gouvernement, alors que nous nous en doutions le moins, a cru plus convenable à ses intérêts de détruire que de conquérir nos colonies, parce qu'elle a craint, avec raison, de voir toute l'Europe s'élever contr'elle, si à ses possessions extérieures, elle ajoutoit ces possessions françaises. Mais voulût-elle conquérir ou détruire nos colonies, elle a calculé qu'il lui importoit plus de parvenir à ses fins par les moyens de l'intrigue, que par ceux de la force ; elle a sur-tout pensé qu'il lui importoit de placer les instrumens de dissolution dans les mains mêmes des agens de la République, afin de la rendre odieuse aux colons, et encore, afin de conserver sur eux toute son influence, de manière qu'elle pût à son gré asservir ou détruire nos colonies.

Tu nous apprendras ce que nous devons croire de tous les romans, dont on remplit les feuilles périodiques ; et peut-être parviendrons-nous à connoître, non-seulement les causes, les accidens des agitations des colonies, mais les elemens qui constituent la population de ces contrées, leur état actuel et les moyens de les rattacher à la République.

Dès que Polverel et Sonthonax furent arrivés à Paris, on nous proposa de suspendre le décret d'accusation porté contr'eux. La Convention adopta cette mesure, et fit en cela un acte de sagesse. *Premier fait.*

Les commissaires des colons de Saint-Domingue, Page, Brulley, Thomas Millet, Duny, Clausson, demandèrent à être mis en même état que Polverel et Sonthonax ; les colons se présentèrent plusieurs fois à la barre, demandèrent à se constituer prisonniers pour leurs commissaires ; et je crois m'etre apperçu que rien, pas même les plus absurdes calomnies n'ont été épargnées pour les retenir au fonds des prisons. *Deuxième fait.*

En demandant la suspension du décret d'accusation, et la mise en liberté de Polverel et Sonthonax, on promit à la Convention nationale, que bientot Polverel et Sonthonax seroient entendus contradictoirement avec Page, Brulley, Millet, Duny, Clausson. *Troisième fait.*

Page, Brulley, Millet, Clausson, Duny, et généralement tous les colons ont, sans cesse, demandé cette discussion contradictoire. *Quatrième fait.*

Comment se fait-il que Polverel et Sonthonax, contre lesquels s'élèvent de toutes parts les preuves de mille crimes, ayent été mis en liberté ?

Comment se fait-il que ceux-là même qui ont fait mettre en liberté Polverel et Sonthonax, ayent empéché, autant qu'il leur a été possible, la mise en liberté de Page, Brulley, Millet, Duny, Clausson ; sans que qui que ce soit ait articulé contr'eux aucun fait positif ?

Comment se fait-il que ceux-ci ayent été si longtems à obtenir une discussion contradictoire que l'on avoit promise et qu'on n'accordoit jamais ?

Tu pourras, mon cher collègue, faire à ce sujet des rapprochemens utiles ; tu pourras en tirer la

B

conséquence, qu'il existe une faction puissante qui redoute le jour que cette mesure jetteroit sur ses agens. Je te laisse le soin de traiter cette grande question, pendant que j'exposerai ce qui m'est connu de quelques hommes, qui paroissent avoir usurpé la représentation nationale. Comme je ne cherche qu'à m'éclairer et à éclairer la Convention, j'écris sans passion, je lui soumets mon travail : puisse-t-il être utile à mon pays!

Le discours prononcé par Dufay, à la tribune de la Convention nationale, le 16 pluviose, de l'an deuxieme, est une longue apologie de Polverel et Sonthonax ; son compte rendu, imprimé par ordre du comité d'instruction publique, présente les mêmes résultats. Cependant Dufay étoit le témoin de tous les grands événemens de Saint-Domingue ; aucune circonstance n'avoit pu lui échapper : Dufay étoit donc sciemment l'apologiste de Polverel et Sonthonax ? il a sciemment trompé la Convention nationale ; peut-il ne pas être leur complice ?

Je veux cependant écarter toutes les inductions que je pourrois tirer des divers discours, des divers rapports faits par Dufay, sur le compte de Polverel et Sonthonax. Je n'examinerai que les pièces que j'ai sous la main : celle que tu vas lire, citoyen collègue, te donnera la mesure de la moralité de Dufay.

» Pendant huit ans que j'ai resté au Cap français, isle Saint-Domingue, j'affirme qu'il étoit de notoriété publique dans cette ville, que Dufay avoit été chassé du régiment du Cap, où il étoit sous-lieutenant ; qu'ayant épuisé dans l'ancien régime tous les rapports de l'intrigue, pour faire des dupes, en se qualifiant de marquis, se disant de la famille de Latour-Maubourg, et se faufilant auprès des gouverneurs et des intendans, qui étoient dans ces tems-là les vice-rois du pays. Il étoit alors généralement méprisé. »

» Accablé de mépris, croyant faire oublier ses turpitudes, il passa en France, où sa femme, qui avoit beaucoup à se plaindre de sa conduite, lui faisoit six mille livres de pension. »

» La révolution arrive; le gouvernement oppressif fut culbuté. Dix-huit mois après cet heureux changement, c'est-à-dire au mois d'août 1791 (vieux style), la révolte des nègres éclata. Cette nouvelle parvint bientôt en France; et Dufay repassa à Saint-Domingue vers la fin de l'année 1791. »

» A son arrivée, Polverel, Mirbeck et Saint-Léger, envoyés en qualité de commissaires civils par Capet, étoient au Cap. Dufay fut chez eux, où il fut accueilli amicalement. Mirbeck et Saint-Léger quittèrent alternativement Saint-Domingue, après y avoir fait beaucoup de mal. Polverel resta avec Leborgne, l'un des secrétaires de cette commission. Tout le monde disoit que Dufay avec Leborgne étoient les espions de Polverel : ce soupçon, joint aux fredaines qu'on leur reprochoit, les faisoit considérer comme des hommes vendus, et des mouchards.

« Dufay fréquentoit dans ce tems-là, les frères Estansan, négocians au Cap, qui ne faisoient des affaires qu'avec des Anglais. »

» Comme chargé de la partie des achats chez Testart, Lalane et compagnie, où j'étois commis, j'allois souvent acheter, chez lesdits Estansan, des farines, des salaisons, etc.: j'y ai plus d'une fois rencontré Dufay. »

» Déjeûnant un jour avec lui chez Estansan, il parla beaucoup d'une habitation-sucrerie qu'il disoit avoir à la Grande-Rivière, dont le citoyen Souton étoit procureur, et le citoyen Larroy gérant. »

» Le grand nombre de brigands ayant forcé ces deux citoyens d'abandonner cette propriété, Larrey s'étoit retiré sur l'habitation Saint-Michel, à la Petite-Anse, où il avoit son frere gérant. »

» Vers la fin de janvier 1792, je fus avec La-matabois, *Doudet*, avec lesquels je faisois le commerce des bois; et quelques autres amis, dîner sur ladite habitation Saint-Michel, dont les bâtimens avoient été préservés de la rage des bandits, vû

B 2

leur proximité du Cap. Nous nous promenions après dîné, lorsque Dufay et les frères Estansan arrivèrent. Après avoir fait de grandes salutations et plusieurs complimens à Larroy, Dufay lui demanda dans quel état il avoit laissé son habitation. En très mauvais état, répondit Larroy ; voyez, ajouta-t-il, les brigands brûlent de ce coté. Chacun déplorant tant de malheurs, moi je dis : *c'est l'ouvrage de l'aristocratie* ».

» De l'aristocratie, répondit vivement Dufay !
» dites plutôt de vos sans-culottes et de vauriens,
» qui ont introduit à Saint-Domingue la manie des
» municipalités et des assemblées ».

» Ce n'est pas, continua-t-il avec ironie, vos au-
» torités constituées, qui nous feront rentrer sur
» nos habitations : il n'y a qu'un gouvernement di-
» rigé par la terreur, et qui inspire la crainte du
» châtiment aux nègres, qui puisse les faire rentrer
» dans l'ordre. J'arrive de France, et je sçais à
» quoi m'en tenir là-dessus ».

» Je lui observai que n'étant pas au Cap, lorsque la révolte arriva ; que nous, au contraire, ayant été témoins des progrès que les brigands faisoient, et les circonstances qui les accompagnoient, nous étions fondés à imputer aux aristocrates et aux royalistes, les désordres qui nous désoloient ; et qu'il ne tomboit pas sous les sens que ce fût le gouvernement populaire qui fût l'auteur ou l'instrument de tant d'horreurs, puisque ceux qui le composoient, étoient ou habitans ou marchands, négocians, etc., qui avoient intérêt à la paix, et non au bouleversement général ; qu'il étoit, au contraire, certain que c'étoit l'aristocratie qui dirigeoit les bandits, puisqu'on les voyoit marcher sous le drapeau blanc, et leurs chapeaux garnis de cocardes blanches ; enfin, que le général nègre, *Jean-François*, étoit décoré de la croix de Saint-Louis, avoit sur son habit un crachat, etc. Je parlois avec chaleur : *Dufay m'interrompit avec humeur, en traitant ce que je disois de sornettes.* Je lui rappelai qu'c'étoit à l'aristocratie que nous étions redevables des maux affreux que la colonie éprouvoit depuis dix mois; que la nation nous en vengeroit. « Il haussa les épaules, » en me disant, que je comptois sans mon hôte, » et que la nation ne se mêleroit jamais des Co- » lonies que pour les bouleverser et pour les perdre; » ainsi qu'il ne convenoit nullement, et en aucun » tems, aux propriétaires de l'invoquer; que le » gouvernement français étoit dans un discrédit total » chez les puissances étrangères; que n'étant d'ail- » leurs assis que sur le barbouillage des avocats de » l'assemblée constituante, et les fourberies de la » majorité de la législative, tout cet échafaudage » patriotique ne tarderoit pas à écrouler; que l'ancien » ordre des choses reviendroit et que nous nous en » trouverions mieux ». Ces principes contrastant avec ceux que j'ai constamment professés, je dédaignai de répondre à Dufay, « qui continua de plus belle des imprécations contre la révolution française ».

« Au mois d'octobre 1792, Polverel, Sonthonax et Ailhaud arrivèrent au Cap. Ils furent reçus comme des anges tutélaires, qui viennent rétablir la paix: enfin comme les délégués de l'Empire Français, dont Saint-Domingue fait partie intégrante. Ils promirent beaucoup; on sçait ce qu'ils ont fait! Dufay fut les voir. Recommandé par *Roume*, qui étoit alors à Saint-Marc, et présenté par Leborgne. Il fut bien reçu. Il devint l'ami de Polverel et Sonthonax; surtout de ce dernier, ils mirent tout en usage pour donner de l'extension à l'arrêté de la commission intermédiaire, portant création d'une subvention du quart du revenu. Le financier Mahy-Cormeré rédigea leur plan. Pour récompense de tant de services Sonthonax donna à Dufay la place d'inspecteur des frontières de la Colonie, avec vingt-quatre mille livres d'appointemens par an, de laquelle avoit joui le ci-devant comte de Choiseul ».

« En agissant ainsi Sonthonax méprisoit les démarches qu'avoient faites les patriotes pour faire avoir cette place au bravo Santo-Domingo, qui avoit rendu des services importans à la Colonie ».

« Pour mieux servir le dictateur Sonthonax, Dufay se fit recevoir membre de la société populaire établie au Cap, sous le titre des Amis de la Convention nationale ; ce fut Casteing homme de couleur, nommé membre de la commission intermédiaire par Sonthonax, qui le présenta. Dufay protesta de son patriotisme ; il exhiba pour le prouver, un diplôme des jacobins de Paris, au bas duquel étoient entr'autres signatures celles de Sonthonax et Rochambeau fils, comme secrétaires de cette société. J'insistai alors pour qu'on envoyât sa demande au comité de surveillance de la société, où je me proposois de faire part de tout ce qu'il avoit dit contre la révolution sur l'habitation Saint-Michel. Je ne fus pas écouté : on m'observa qu'il étoit jacobin, et qu'il devoit être reçu d'emblée ».

« Dufay n'a jamais parlé dans cette société à laquelle il ne venoit qu'avec Delpech, Albert, Piquenard secrétaire de Sonthonax, Leborgne et Verguiaud. Connoissant ses principes je le surveillois, lorsque le bruit se répandit que les places se vendoient par ces *messieurs*. « On assuroit qu'ils avoient reçu
» quatre cens portugaises (dix-sept mille six cens
» livres, monnoye de France) pour celle de capitaine
» de Port, à laquelle avoit été promu Sautet né-
» gociant, ci-devant capitaine *négrier* ».

« Cette vénalité fut dénoncée à la société par Flanet l'un de ses membres. Il ne désignoit nominativement personne : mais Leborgne et Delpech se reconnurent au portrait qu'il avoit fait des traficans des places. L'un et l'autre s'en plaignirent amèrement à la société. On annonçoit qu'ils alloient poursuivre Flanet devant les tribunaux, pour avoir osé dire à la tribune : « souffrirez-vous que des subalternes,
» des secrétaires fassent un trafic honteux des ré-
» compenses que le mérite seul doit obtenir » ? Leborgne poussa plus loin l'impudence : il osa dire

» à la tribune que, si la justice ne lui faisoit pas
» raison de Flanet, son bras seul lui en donneroit
» vengeance ». La société fit justice de ce plat spa-
dassin, en le chassant de son sein ».

« Ce parti vigoureux déplut à Sonthonax : faché
de voir un de ses amis exclu d'une société où il pouvoit lui être utile par ses intrigues, il mit tout en
œuvre pour le faire réhabiliter : le commandant Laveaux fut son avocat ; Dufay, Pinchinat, et Casteing
firent des démarches auprès de plusieurs membres,
pour les décider à faire rapporter l'arrêté. « Dufay
» fut celui chargé de me circonvenir. Avant la
» séance du 29 novembre 1792 au matin, dans la-
» quelle Leborgne devoit présenter sa justification,
» Dufay vint chez moi. Après m'avoir fait des
» complimens sur l'énergie que je montrois, il me dit
» du ton le plus affectueux : « mon cher Gervais, vous
» êtes un de ceux de la société, que Sonthonax es-
» time le plus ; il n'oubliera jamais que vous êtes
» un des patriotes, qui l'ont préservé des fureurs
» des aristocrates, dans la mémorable journée du
» 19 novembre ». Je lui répondis que je n'avois fait
que mon devoir en préservant les délégués de la nation
des coups des traîtres ; que pour l'énergie, j'en au-
rois toujours, lorsqu'il s'agiroit de démasquer les
fripons. Il est cependant des occasions, me dit-il,
où la franchise n'est pas de saison. Je sais, lui répliquai-
je, que les vendeurs des places ne l'aiment point, n'im-
porte, je continuerai ». Allons, me répliqua-t-il,
vous allez encore prendre de l'humeur contre ce pau-
vre Leborgne. « Écoutez, mon cher Gervais, il est
» un moyen d'arranger tout cela ; suivez le conseil
» que je vais vous donner, vous ne vous en repen-
» tirez pas : parlez à vos amis, demandez la parole
» à la société, proposez-lui de rapporter son arrêté,
» qui ordonne la radiation de Leborgne : voici votre
» récompense.» Alors il tira de sa poche un brévet
» portant nomination à la place de gréffier de l'Ami-
» rauté du Cap, qui rapporte annuellement soixante-

» dix à quatre-vingt mille livres de revenu, dont
» le nom étoit en blanc ». N'ayant jamais voulu ni
sollicité de place d'aucune autorité à Saint-Domingue, je rejetai son offre avec indignation, en lui disant que je dénoncerois ses manœuvres et les propos contre-révolutionnaires que je lui avois entendu tenir sur l'habitation Saint-michel. Il changea de ton, et me répondit avec morgue : « qu'il ne me craignoit
» pas ; qu'ils avoient des gens qui sauroient bien
» faire marcher la société dans leur sens ». Il avoit raison : car soit par foiblesse ou par crainte, la majorité vota pour le rapport de l'arrêté. C'étoit comme je l'ai dit plus haut le 29 novembre. Le 30 au matin Sonthonax fit afficher une proclamation, qui ordonnoit la dissolution de la société. Des patrouilles d'hommes de couleur armés, furent disséminés ce jour là ; le Ier. décembre et le 2, les blancs furent attaqués par les mulâtres ; ils ripostèrent. Le 6 Sonthonax me fit embarquer avec Verneuil, Fournier et Baillio ».

« Dans telles circonstances que ce soit, je répéterai toujours ce que je viens de rétracer contre Dufay et les autres bourreaux, qui par leurs manœuvres infâmes, ont perdu la plus belle Colonie de l'univers. C'est devant la justice nationale que je scellerai de mon sang, s'il le faut, la vérité de ce que j'avance ; c'est là que face à face avec ces grands coupables, je prouverai que ce sont des vautours, qui n'ont jamais eu de patriotisme que le masque ».

Paris 20 germinal IIe. année de la République.

Signé, GERVAIS.

IL paroit, citoyen collègue, que Dufay n'a jamais été l'ami de la révolution ; qu'il est le complice de Polverel et Sonthonax ; qu'il a, par tous les moyens d'intrigue et de corruption, cherché à fixer les patriotes dans les intérêts de Polverel et Sonthonax ;

qu'il a voulu corrompre ceux qui vouloient porter un regard attentif sur la perfidie et la vénalité de Santhonax et de ses agens.

Cette déclaration nous apprend pourquoi Santhonax a fait défendre la réunion de la société populaire. Elle nous apprend que Dufay, qui avoit reçu des commissaires une place très lucrative, pour prix de son asservissement, cherchoit par les mêmes moyens à donner des partisans à ces deux conspirateurs.

L'auteur de cette déclaration ne peut-être suspect, puisqu'il demande à être confronté avec les hommes qu'il accuse. Les inculpations dont il charge Dufay, sont de telle nature, qu'il a fallu cette dernière circonstance, pour que je me sois permis de lui porter confiance. Cependant à l'appui de cette déclaration viennent des déclarations encore plus concluantes. Nous allons extraire celle faite à la Convention nationale par le citoyen Conscience.

« Législateurs, pouvez-vous encore douter de la trahison de Polverel et Sonthonax. Trois vaisseaux de 74, neuf à dix frégates ou corvettes pourrissoient dans les ports; et un bâtiment anglais venoit impunément établir sa croisière à l'entrée de la rade du Cap, détruisoit le cabotage, interceptoit les vivres destinés pour les camps. Les corsaires de la Jamaïque sont venus jusque dans nos ports, enlever des bâtimens chargés; et on n'a pas rougi de préconiser Polverel et Sonthonax....... ».

« Pourquoi au moment où Brissot vota la guerre contre l'Angleterre, et que les émigrés par un traité avec la Grande-Bretagne, convinrent de lui livrer Saint-Domingue, Polverel et Sonthonax paralisoient tous les moyens de se défendre contre cette puissance, en négligeant les fortifications des Côtes; en retenant dans les ports les forces navales de la république, qui par leur supériorité auroient pu ruiner le commerce de la Jamaïque; en faisant désarmer les corsaires, en exportant, violentant, massacrant ceux qui avoient intérêt à défendre Saint-Domingue, ceux qui en avoient le courage et l'intention; en canonnant le Port-au-Prince, en incendiant, en pillant les habitations; enfin en ordonnant par-tout de repousser les vaisseaux de la république...... »

« Déjà tous les nègres et mulâtres avoient été obligés de se retirer au gouvernement, lorsque les commissaires (Polverel et Sonthonax) voyant qu'ils alloient être enveloppés, prirent la fuite et emmenèrent avec eux l'adjudant général (Galbaud), garroté comme un forçat, au milieu d'une double haye de nègres et mulâtres, au nombre de plus de trois cens. Comme ils sortoient du gouvernement « le » nommé Dufay donna l'ordre de mettre le feu... » mettez le feu par tout, crioit-il de toutes ses » forces; brûlez tout; qu'ils soient tous grillés » comme des cochons! le pillage est à vous, braves » républicains. » Ce sont ses propres expressions. Après ces monstrueux ordres dictés par les commissaires, ils continueront à fuir à grande hâte vers *le haut du Cap* (bourgade à une demie lieue de la ville du Cap).... ».

« Dès le matin du 21, Vergniaud et Garnier commissaires du pouvoir exécutif, crioient aux nègres dans toutes les rues: « amis, vous êtes » libres, si vous vous réunissez aux commissaires » civils, pour anéantir la race blanche: courez » auprès d'eux, ils vous armeront. »

J'ai vu, citoyen collègue, plus de cent déclarations qui, semblables à celle du citoyen Conscience, prouvent, jusqu'au dernier dégré d'évidence, que Polverel et Sonthonax sont les agens de la faction anglaise; qu'ils ont tout fait pour anéantir le commerce, la marine de la république à Saint-Domingue, pendant que cette même faction assassinoit dans Lyon, à Nantes, etc. le génie du commerce et des manufactures, pendant qu'elle livroit à l'angleterre le seul port militaire que nous eussions sur la Méditerannée.

Rien n'est plus sensible que les rapports qui n'ont cessé d'exister jusqu'à ce moment entre les événemens des Colonies et ceux du continent. Mais il me suffit d'examiner s'il y a complicité entre Dufay, Polverel et Sonthonax. La déclaration du citoyen Consience remplit cette indication; elle prouve que Dufay a provoqué les nègres à incendier la ville du Cap et à massacrer les blancs qui l'habitoient. Le citoyen Dreux porte un pareil témoignage. On lit dans sa déclaration: « je soussigné déclare, en mon âme et conscience, avoir entendu le 21 juin 1793 (v. s.) vers les deux heures de l'après-midi, *Dufay criant: aux armes, citoyens nègres*. Il étoit alors, accompagné de Garnier, commissaire du pouvoir éxécutif. »

Le citoyen Lassale ancien gouverneur général de Saint-Domingue, s'exprime d'une manière bien plus positive encore ; et son témoignage me paroit d'autant plus imposant, qu'il a été l'instrument de Polverel et Sonthonax et créé par eux gouverneur général de Saint-Domingue. Mais repoussé par la scélératesse de ces deux conspirateurs, il les dénonce à la Convention nationale et dit :

« L'affaire de la Colonie de Saint-Domingue offre de grandes difficultés. Beaucoup de grands planteurs, des gens de couleur accrédités ont conspiré pour la livrer à l'Anglais et à l'Espagnol. D'autres se sont enfuis à la nouvelle angleterre. Dans ce nombre plusieurs sont revenus en France ; beaucoup attendent dans l'impatience les moyens de s'y rendre ; et ceux qui ont des reproches à se faire, y continuent leurs cabales contre la patrie, ou se rendent sur leurs anciennes possessions, que leur trahison ou leur consentement ont livrées à l'étranger. On doit examiner avant tout, les motifs qui ont décidé les colons à se sauver à la nouvelle angleterre. La terreur qu'inspiroit la fureur des brigands insurgés, qui, soutenus par les royalistes, bruloient les habitations et assassinoient les procureurs, gérans ou

économes, en a fait fuir un grand nombre ; les délations des gens de couleur, accueillies même et recherchées par les commissaires civils Polverel et sur-tout Southonax, ont fait prononcer l'ostracisme contre un très grand nombre. Le dissentiment de ces commissaires, dans la manière d'administrer les trois provinces de la Colonie, ont encore occasionné un grand nombre de ces fuites. En effet Southonax dans le Nord, éxigeoit le quart brut des denrées coloniales ; et Polverel dans le Sud et dans l'Ouest où il étoit allé remplacer son collègue Ailhaud, qui ayant été ci-devant employé à l'administration des colonies, s'étoit retiré plutôt que d'adopter le système destructeur de ses coopérateurs, demandoit seulement des contributions volontaires aux différentes paroisses. Southonax poursuivoit son plan avec tant d'ardeur, que Polverel fut contraint de proclamer dans l'Ouest et le Sud, deffense d'obéir aux proclamations de Sonthonax, quand elles ne seroient pas revêtus de sa signature ; et ceux qui réunissoient des possessions dans les différentes provinces, ne savoient auquel obéir, s'épuisoient en réclamations et en desirs pour la formation d'une assemblée Coloniale aux termes de la loi du 4 avril. Mais comme l'exécution de cette mesure décrétée, auroit restreint l'autorité des commissaires, et mis un frein à leur despotisme, ils parvinrent à en éluder l'effet. On avoit cependant perdu un tems considérable pour faire agir contre les brigands les troupes qui arrivoient de France ; et le climat et la mauvaise nourriture, *le poison même* et les trames des royalistes, qui avoient la plus grande influence sur les opérations du cordon de l'Ouest, avoient détruit plus des trois quarts de ces forces, quand le royaliste Jumécourt souleva les environs de l'*Etang-Salé*, et commença par son émissaire *Hyacinthe*, l'insurrection, qui lui a coûté la liberté, puis lui a été rendue par Polverel et Sonthonax, j'ignore par quel motif.. « On assure qu'il est à présent adjudant gé-
» néral dans l'armée des Anglais ».

Sur ces entrefaites Sonthonax irrité par son protégé Piquenard, l'un des commis au bureau de la commission, dont une feuille incendiaire avoit causé au Port-au-Prince des troubles dont il avoit pensé être victime; et peut-être craignant le desespoir des blancs du Cap, que son despotisme avoit excités, vint à Saint-Marc d'où il adressa au Port-au-Prince la proclamation la plus menaçante et la plus despotique, dans laquelle il eut l'impudence d'annoncer pour un des motifs de son ressentiment, le désir de venger le journaliste soi-disant patriote, qui préchoit aux esclaves la rebellion contre leurs maîtres. Il forma un rassemblement pour marcher contre le Port-au-Prince; et comme les habitations se seroient trouvées sans procureur, économes ou gérans, pendant le temps de l'expédition, sur l'observation que Polverel qui venoit d'arriver à Saint-Marc lui fit, qu'on ne pouvoit laisser les établissemens à l'abandon, *il fit de cette expédition un objet de spéculation,* d'éxaction, et établit, à l'insçu du général et je crois de son collègue, un bureau tenu par Chanlatte, où pour dix portugaises (six cens soixante livres), on étoit dispensé de marcher dans l'armée. On assure que les nommés *Grand*, père et fils, Jacques et Louis Robinet, Rossignol, les frères d'Aquin, les Tremolée, oncle et neveu, des bas de l'Artibonite, ont payé cette somme en argent; et les frères Peyrone et Lefèvre du même district n'ayant pas d'argent, ont chacun donné une balle de coton; et tous ceux qui n'ont pas voulu marcher, ont été exemptés en payant la même somme. Les incarcérations arbitraires que les commissaires se permirent, sur les délations des mulâtres, éffrayerent une quantité de bons colons, qui pour sauver leurs femmes et leurs enfans des dangers qu'ils prevoyoient pour l'avenir, envoyerent, sous pretexte d'affaire ou de santé, leurs familles à la nouvelle angleterre; « et l'on assure » encore qu'avec de l'argent on applanissoit les

» difficultés pour l'obtention des passe-ports aux bu-
» reaux de la commission. On prétend qu'on y don-
» noit à cette extorsion, le nom de *contribution pa-*
» *triotique* ». Quelque tems après, Galbaud étant
arrivé au Cap avec des provisions de gouverneur
général, dont il fit imprimer la teneur, où il
n'étoit pas question de ses instructions particulières
concernant l'autorité des commissaires civils, les colons
crurent voir en lui un libérateur, qui venoit rompre les chaînes, dont leur despotisme les chargeoit
et se jetèrent dans ses bras. Les commissaires à
leur retour, déclarèrent nulle sa réception qu'il
avoit fait faire à la commission intermédiaire et
à la municipalité du Cap ; qu'il avoit fait faire assisté
de Laveaux, commandant de la province du Nord,
qui l'avoit ensuite reçu gouverneur à la tête des
troupes assemblées. Les commissaires prétendirent que
c'étoit à eux seuls d'ordonner sa réception, et ensuite ils contestèrent sa nomination, sur ce que lors
de celle de Desparbès, un décret de l'assemblée nationale avoit prononcé qu'on ne pourroit nommer gouverneur, commandant de province, ni administrateur, personne ayant des propriétés dans la Colonie ;
et ils turent le mot *pour cette fois seulement*,
qui se trouve dans la même phrase et qui renversoit
l'exclusion que les commissaires vouloient donner à
Galbaud. Il eut la foiblesse de consentir à remonter
à bord et à retourner en France. Les regrets suivirent de près cette démarche, et le mécontentement des colons, des députés alors à bord, firent fermenter son ressentiment, qui fut secondé
par l'ancienne haine des matelots contre les gens
de couleur qui fiers de l'appui que leur donnoient
les commissaires, insultèrent et maltraitèrent quelques marins à terre ; ce qui motiva la descente
des matelots à terre, le 20 juin, ayant à leur tête
Galbaut, qui vouloit marcher au gouvernement,
en enlever les commissaires et les embarquer pour
venir rendre compte de leur conduite à la Conven-

tion nationale. Peu de troupes étoient au Cap ; les maladies retenoient dans les hôpitaux plus des trois quarts de ceux que les fatigues, la chaleur, la mauvaise nourriture et le *poison* n'avoient pas moissonnés.

Les commissaires se croyant trop foibles, s'enfuirent au bourg appellé *le haut du Cap*, et leur créature Chanlatte courut à la prison, en délivrer sept cens bandits qui y étoient détenus pour les meurtres, les incendies et les assassinats qu'ils avoient commis contre les blancs, et dont la majeure partie, jugée à mort, n'existoit que parce que Sonthonax se croyant au dessus de la loi, avoit ordonné qu'on sursit à leur exécution. Du nombre et à la tête de ces brigands, étoient les frères Godard et Pierre Leveillé que depuis, Sonthonax a mis à la tête des troupes Affricaines, avec le titre de colonel, lieutenant-colonel, inspecteurs généraux de cavalerie, etc. On prétend qu'ils ont eu ordre de mettre le feu et de piller : le fait constant est qu'ils l'ont fait, et que les matelots n'ont point contribué à l'incendie ; et que la rade n'a point fait feu sur la ville, et qu'il n'est resté d'intacte, que l'arsenal et le petit carenage où Galbaud s'étoit replié. Le général Lassale, parti sur la réquisition des commissaires, en datte du 12 Juin, pour venir prendre au Cap le gouvernement général par *interim*, rassembla sur sa route environ cent cinquante volontaires, et arriva avec eux le 22 au soir au *haut du Cap*, au secours des commissaires qui s'y étoient réfugiés. Il rencontra trois ou quatre mille négres des deux sexes, courbés sous le faix des balots qu'ils emportoient du Cap. Il étoit nuit ; il n'étoit pas en force pour arrêter et punir leur brigandage. Ne connoissant pas le local, il poursuivit sa route, en gémissant ; et arriva sur les neuf heures du soir chez les commissaires, auxquels il raconta sa rencontre, et chercha à s'excuser de n'avoir pas puni les brigands. « Vous avez bien fait,

» lui répondirent-ils, ils nous ont défendus contre les
» aristocrates du Cap et contre Galbaud. Il faut bien
» qu'ils reçoivent le prix de leur zèle. Cette manière
de payer ses satellites, lui parut plus singulière que
juste ; il vouloit aller dès le lendemain, à la pointe
du jour, éteindre l'incendie et arrêter le pillage. Il
commanda un fort détachement: personne n'obeit, et
il se trouva seul, quand il voulut monter à cheval ;
« et trois jours de suite on rendit vaine sa volonté
de remplir le devoir sacré de la justice et de l'humanité. » Le quatrième, il s'y rendit avec un détachement de dix-huit hommes, au lieu de cent-cinquante qu'il avoit commandés. Il partit cependant
plusieurs cavaliers de toutes couleurs, qui se joi-
gnirent à lui sur la route; et il arriva avec une
trentaine d'hommes avec lesquels il éteignit le feu
sur la place de Clugny et dans d'autres endroits,
fit proclamer défense sous peine de la vie, de mettre le feu dans aucune maison et de continuer le
pillage, « mais des ordres différens étoient appare-
ment donnés par d'autres autorités; car les incendies
et les vols se continuèrent. »

« Pour être à même de rétablir l'ordre, il voulut se loger aux casernes, où il donna ordre qu'on
lui dressât un lit dans la chapelle. « Les commissaires craignant que le général, habitant avec la
» troupe, se conciliât leur amitié, firent leurs ef-
» forts, pour l'en détourner, sous prétexte que son
» âge ne lui permettoit pas d'habiter une ville in-
» fectée par le méphitisme des cadavres et de
» l'incendie ». Ils s'opposèrent pareillement à ce
qu'il allât commander l'expédition contre les brigands, qui avoient surpris le camp du
morne-pélé, sous prétexte qu'il étoit plus nécessaire
pour donner les ordres généraux, que pour faire
une opération particulière, « quoiqu'ils ne le con-
» sultassent en rien, et fissent faire à son insçu
» tous les mouvemens des troupes, qui ont détruit
» les forces de la République ; et qu'ils eussent

» refusé un plan de légions, qui réunissant les ci-
» toyens de toutes couleurs, auroient opéré l'exécu-
» tion de la loi sainte de l'*Egalité*, en joignant
» la discipline à la bravoure et à la surveillance:
» mais on vouloit la perte de tous les blancs, et
» cette organisation opéroit le salut et la pacifica-
» tion de la Colonie. Cependant le général Pierrot,
» esclave brigand, dont les commissaires croyoient
» avoir acheté les services par le pillage du Cap,
» qu'ils lui avoient permis et aux dix mille brigands
» qu'il commandoit, se livroit à tous les excès depuis
» le Cap jusqu'au Limbé, au port Margot etc., dé-
» sarmant tous les blancs, même les troupes de li-
» gne; et les généraux Lassale et Laveaux, com-
» mandant la province du Nord, ne purent obtenir des
» commissaires de le reprimer; séant enfin, éta-
» blis à l'habitation Bailly, au-dessus du Petit-Ca-
» rénage, ils donnèrent le droit de fusiller à l'instant
» ceux qu'il croiroit troubler l'ordre, à l'arracheur
» de dents *Gignioux*, qu'ils avoient nommé comman-
» dant militaire du Cap, et mis à la tête de l'artil-
» lerie, quoiqu'il ne sût ce que c'étoit qu'un affut ou
» une gargousse ».

« Ils cassèrent la municipalité du Cap, qui étoit
» restée à son poste le 20 juin, pendant qu'ils fuyoient
» au haut du Cap; la remplacèrent par un conseil
» municipal formé de gens perdus de réputation,
» sans talens, qui étoient à leur dévotion; pronon-
» cèrent l'ostracisme à la nouvelle angleterre contre
» tous les malheureux que le désespoir portoit au
» murmure; *et à l'aide de Dufay et de quelques*
» *intrigans de sa trempe, ils convoquèrent une*
» *prétendue assemblée de commune composée des*
» *nouveaux citoyens du 20 juin, qui nommèrent*
» *les députés de la province du Nord auprès de*
» *la Convention nationale. Pour avoir parmi eux*
» *quelqu'un qui sût lire, ils nommèrent Dufay,*
» *l'agent de Sonthonax et Garnaux ancien gérant*

C

» de Rouvray l'agent de Pitt à New-york, où il
» est émigré ».

« Ils forcèrent Masse administrateur général de donner sa démission, ainsi que Bizouard trésorier, qui passe pour honnête-homme. Wante qu'ils avoient placé à la tête de l'administration de l'Ouest, où il paroissoit avoir réussi, fut appellé pour remplacer Masse. Ce fut alors que Sonthonax fit défense, par une proclamation, à tout propriétaire de maison du Cap, de chercher dans les cendres, les débris de sa fortune, et sans le délit prouvé, sans la condamnation prononcée, sans confiscation légale, ordonna qu'on fouilleroit dans les décombres, et que tous les effets, tous les métaux qu'on y trouveroit, seroient vendus au profit de la République. « Cette mesure » tyrannique ôtoit aux malheureux incendiés les » moyens d'employer à la reconstruction de leurs » maisons, les matériaux qui avoient échapé aux » flammes, et en porta grand nombre à se réfugier à la » nouvelle Angleterre, croyant leur perte assurée dans » la Colonie ». Sonthonax donna avec joie un grand nombre de passe-ports, et l'on prétend que Piquenard dépositaire de la griffe des commissaires, en vendit aussi quelques uns. Enfin la commission intermédiaire du Cap, docile aux volontés des commissaires, qui l'avoient arbitrairement nommée, demanda, d'après la leçon qu'ils lui avoient faite, la liberté générale que Sonthonax prononça, pour la province du Nord, dans sa proclamation du 29 août, dans le préambule de laquelle il avoue son parjure aux sermens qu'il avoit faits dans les assemblées paroissiales, à son arrivée dans la Colonie.

« Ce fut alors que l'insurection des atteliers fut complette; les vieillards, les infirmes furent abandonnés; les travaux cessèrent; les brigandages augmentèrent et presque tous les blancs s'enfuirent vers les lieux où il y avoit quelques troupes de ligne en garnison. Ce fut vers ce tems que Sonthonax, oubliant qu'il avoit fait défense à tous les commendans militaires de la colonie, de recevoir aucuns vaisseaux de la République, etc. envoya au môle St. Nicolas le bâtiment *Las-Casas* et deux corvettes, pour y prendre des poudres et boulets dont il commençoit à manquer au Cap. Les chefs peut-être déjà vendus aux Anglois, ou portés par les traîtres qui les avoient appelés, refusèrent de les recevoir, sous prétexte de la défense du 22 Juin, et pour ne pas se dessaisir des munitions, qui seroient employées à effectuer la liberté générale *et à détruire ce qui restoit de Blancs.* Le Général Lassale voyant l'impossibilité de garder le Cap, sans munitions, demandoit depuis long-tems qu'on changeât la garnison du môle, qui lui étoit suspecte, et à s'y établir avec celle qu'on y étabiiroit, pour garder jusqu'à la mort, cette précieuse clef de la Colonie. Mais Sonthonax et son collègue, craignant que le Gouverneur, dans un poste aussi redoutable, ne fût pas aussi soumis à leur despotisme, et *ne fît passer la vérité à la Convention nationale, en dérobant ses paquets à leur inquisition,* avoient constamment éludé cette demande. Sonthonax cependant, feignant de se rendre à cette mesure sage, lui avoit écrit le . . . . que *Las-Casas* seroit incessamment à ses ordres, pour le porter au môle avec la nouvelle garnison : et après la réponse du refus des munitions, il pria le Général Lassale qui, craignant de ne pouvoir sauver le môle, vouloit se rendre au Port-au-prince, où il avoit laissé plus de cent-vingt milliers de poudre, pour le défendre jusqu'à l'extrémité, de s'informer à son passage au Port-de-paix, des dispositions du môle et des environs. Il partit le . . . . septembre ; rendu au Port-de-paix, il trouva les bandits tout-puissans, les restes du 44e. régiment et cent-cinquante hommes du bataillon de l'Aisne, toujours en opposition avec les dragons de couleur, commandés par Dulacq, et avec Joseph, chef de bandits qui depuis deux ans désoloient les habitations depuis le

Port-de-paix jusqu'à Jean-Rabel, et que Sonthonax depuis sa liaison avec le Général Pierrot, avoit pris aussi au service de la République : ce qui le mettoit à portée d'exercer plus facilement ses brigandages, étant avoué par le DICTATEUR. (*C'étoit le titre que Sonthonax se donnoit.*) Il arriva peu de jours après l'assassinat de Laveaux, habitant à la pointe de Palmiste, par un nommé Simon-Gœlard, « à l'instant où Laveaux menoit chez lui un capi-
» taine américain pour lui payer 600 barils de farine
» qu'il venoit d'acheter pour la céder à crédit et à
» prix coûtant à la commune du Port-de-Paix ; et le
» bandit nommé capitaine des compagnies franches
» par Sonthonax, vint effrontément se mettre à table chez le général avec Joseph qui la veille avoit fait tuer par ses soldats un gérant d'une habitation de Jean-Rabel. Ces crimes restoient impunis, parce qu'ils étoient l'ouvrage des bandits et que les blancs seuls étoient les victimes ».

« Je n'ai pas eu le tems d'achever ces observations et je diffère jusqu'à la levée des scellés mis sur mes papiers, pour y joindre les pièces justificatives ».

Signé, LASSALE.

PARMI le nombre immense de dépositions, qui s'élèvent contre Polverel et Sonthonax, Dufay et ses collègues, j'ai choisi celle de l'ex-gouverneur-général de Saint-Domingue *Lassale*, parcequ'elle présente le résumé de toutes les autres ; à quelques détails près, tous plus ou moins atroces, tous plus ou moins caractéristiques. Je l'ai choisie parceque le caractère de l'ex-gouverneur et les circonstances dans lesquelles il s'est trouvé, lui donnent cette authenticité à l'appui de laquelle viennent les pièces justificatives et la demande d'une discussion contradictoire. Tu réfléchiras profondément, citoyen collègue, sur cette déclaration que je crois inutile de développer. Tu y trouveras peut-être, la complicité de Dufay avec ces deux conspirateurs. La déposition du citoyen Littré en fournit une nouvelle preuve. Comme l'ex-gouverneur Lassale, il a été témoin de tous les événemens : comme lui il a vu de près les commissaires Polverel et Sonthonax : il étoit attaché à la commission intermédiaire.

« Les commissaires, dit-il dans sa déclaration, les commissaires après le départ des bâtimens de la rade rendirent une proclamation qui annonçoit que tous les camps étoient levés, qu'il n'y avoit plus de brigands et qu'on pouvoit voyager librement dans toute la Colonie avec des passe-ports d'eux.....»

« Sonthonax nomina ensuite d'abord trois députés pour France, les citoyens Dufay, blanc; Mars-Belley, nègre; et Boisrond, mulâtre. Il arrêta le bâtiment le Citoyen de Marseille, comme aviso, pour les emporter. Quelque tems après, il ne trouva pas cette nomination légale et suffisante sans doute; et la provoqua par la Commission intermédiaire, qui n'avoit jamais agi et n'agissoit que par eux. Les mêmes furent nommés. Dufay avoit été gratifié par eux de la place de greffier de la Jurisdiction, encore très-lucrative ; il étoit très-fort dans leur faveur. La Commission intermédiaire dressa des instructions que j'ai vues, étant alors dans ses bureaux. Enfin ne trouvant pas encore cette nomination suffisante, il fit ce qu'il appelloit une Convocation de Commune, au mois de septembre 1793, autant qu'il m'en rappelle. Mais quelle étoit cette convocation de commune ? dans le Cap seulement : car il ne paroit pas que les Parroisses du Borgne, du Fort-Dauphin, du Trou, de la Marmelade, du Port-Margot, de Plaisance, etc. de la Province du Nord, ainsi que celle du Port-de-paix et du môle, y ayent en rien contribué, ou du moins n'y ayant pas eu de convocation à leur égard : et n'ai point entendu dire jusqu'au 4 novembre 1793, que j'ai quitté le Cap, qu'elles ayent participé à aucune nomination. »

» Cette assemblée à laquelle je ne voulus pas, moi et quelques blancs, assister, de peur des insultes et des menaces, étoit composée de quelques mulâtres, de très-peu de blancs, dont il n'y avoit pas même de propriétaires reconnus, et d'une foule de négres, cy-devant esclaves. J'ai ouï dire que le citoyen Galinau de Casc sur-tout, y avoit beaucoup cabalé et péroré, pour y faire nommer ceux que le commissaire Sonthonax avoit déjà désignés. Ce qu'il y a de vrai, c'est que la nomination se fit par scrutin, ainsi que je l'ai ouï rapporter à plusieurs des assistans. Les négres ne savent point écrire : Galinau-de-Casc et quelques autres blancs et mulâtres faisoient seuls le scrutin, et y mettoient les noms qu'ils vouloient : aussi Dufay et Mars-Belley furent nommés. Quant à boisrond, il étoit alors parti pour les Cayes ; on nomma à sa place, un citoyen appellé Mils, si je me rappelle bien, et que je ne connois nullement : mais il étoit connu dans la ville que cette nomination se faisoit par l'intrigue et au gré du commissaire Sonthonax. »

» J'observerai qu'il est étonnant qu'on trouve cette nomination suffisante, elle ne peut paroître que l'intrigue des Commissaires : d'abord, parceque je le sais particulièrement, moi qui voyois tout se tramer à la Commission intermédiaire où je travaillois, et qui connois que cette Commission étoit l'agente des Commissaires : ensuite, parce qu'il n'étoit plus tems de procéder à cette nomination, lorsque tous les propriétaires étoient partis, et qu'il ne restoit pas au Cap, six blancs ayant propriété immobiliaire ; surtout enfin, lorsqu'on avoit *empêché cette nomination provoquée par les colons, lorsque tout étoit encore tranquille............* »

« Ils sont au moins coupables (Polverel et Sonthonax) d'avoir chassé de la colonie, des blancs qui l'auroient deffendue, et qu'ils ont forcé de fuir par milliers. Je les soupçonnerois, sans m'abuser de leur hypocrisie, d'avoir conçu et exécuté le dessein de livrer la colonie aux ennemis de la France; et leur marche semble le prouver........ »

Il résulte de cette déclaration, que Polverel et Sonthonax, après avoir fait incendier la ville du Cap et massacrer les blancs qui l'habitoient, annoncèrent par une proclamation, que n'y ayant plus de brigands dans la colonie, chacun pouvoit voyager avec des passeports signés d'eux.

Les rapports de Polverel et Sonthonax avec les brigands-royalistes sont démontrés par un nombre immense de témoins, qui les ont vu s'empresser autour de ces commissaires, *aux cris de vive le roi, vivent les commissaires*, et partager avec eux les dépouilles de la ville du Cap. Ces rapports sont encore démontrés par Dufay lui-même dans son compte rendu à la Convention nationale et relaté fol. 7. Mais cette proclamation prouve jusqu'au dernier degré d'évidence que leur influence s'étendoit sur tous les nègres et mulâtres royalistes de la Colonie : les patriotes seuls étoient suivant eux des brigands.

Je ne me permettrai pas de prononcer sur les inductions que le citoyen Littré tire de la conduite de Polverel et Sonthonax à Saint-Domingue : peut-être qu'une discussion contradictoire en démontrera un jour la sagesse; et si quelque chose m'étonne, c'est que cette mesure, la seule qui puisse développer la vérité, n'ait pas été plutôt pratiquée. Inutilement des témoignages nombreux s'élèvent contre Dufay et ses collègues; la discussion seule peut amener la conviction des coupables; et si quelque chose me surprend, c'est de ne pas voir Dufay et ses collègues la demander eux-mêmes.

Je ne puis te déguiser, mon cher collègue, que je suis d'autant plus porté à croire à leur criminalité, que jamais ils n'ont répondu à leurs accusateurs que par des déclamations, des injures et des maximes vagues de morale et de philosophie. Intercepter les adresses faites par les colons à la Convention nationale ; faire supprimer la distribution des ouvrages de ces mêmes colons, ce n'est pas répondre à des accusations directes. Entr'autres ouvrages supprimés par ordre de Dufay au bureau des distributions, on peut compter celui dont j'ai extrait ce qui suit :

Extrait d'une lettre des colons réfugiés à Philadelphie, adressée au ministre Génet le 11 Novembre 1793.

. . . .
. . . .

« Nous ne pouvons croire que vous protégiez des soi-disans députés de la Colonie, des africains, des hommes étrangers, nommés sur les debris sanglans de la ville du Cap ».

« Leurs pouvoirs sont sans-doute tracés du sang de nos frères ; ils doivent vous les communiquer ; et vous sanctionneriez de pareilles infamies, vous qui refusez d'être juste avec vos frères les français ?. . . . . . . Comment pourriez-vous reconnoître de tels députés, vous qui avez reçu officiellement le décret qui rappelle et met en état d'accusation les auteurs, les créateurs de cette horrible députation » ?

Extrait d'une autre lettre des Colons réfugiés à Philadelphie, adressée à la Convention nationale, le 24 novembre 1793.

» Le Ministre Génet a trahi la France, en éloignant les forces supérieures qui étoient à sa disposition, au moment même auquel les Anglais se sont emparés du môle et de Jérémie. Il a refusé aux Colons les moyens d'instruire la France par eux-mêmes ; et il se dispose à faire partir pour France, la députation que Sonthonax envoye sous le titre de Députés à la Convention nationale, sans égard au décret qui les rappelle ».

» L'Assemblée prétendue dans laquelle ils ont été nommés, n'étoit composée que d'esclaves et de deux blancs, dont un étoit Dufay l'un des Députés. . . . . . »

Extrait d'une délibération des colons réfugiés dans le Continent Américain.

. . . .

. . . .

« Nous déclarons en tant que de besoin, que depuis la dissolution de l'Assemblée coloniale du Cap, la Colonie de Saint-Domingue, est sans représentation légale ; que les Délégués de la République, se sont constamment opposés à la nouvelle représentation de la Colonie, aux termes de la loi du 22 août, réclamée fortement par la ville du Port-au-prince. C'est la vraie cause des derniers actes de tyrannie, exercés contre cette ville. »

« Nous déclarons que la grande majorité des citoyens blancs propriétaires sont expatriés, réfugiés ou chassés tant par les désastres du Port-au-Prince et autres lieux, que par les déportations arbitraires dont ces désastres ont été suivis ; que la Colonie ne peut être liée, engagée par les actes forcés auxquels le reste des colons a pu souscrire, se soumettre ou être soumis ».

« Nous protestons aussi en tant que de besoin contre la nomination illégale des députés qu'ils pourroient avoir envoyés à la Convention nationale, pour couvrir une partie de leurs violations ; déclarons lesdits députés sans pouvoirs : la confiance publique ayant été oppressivement placée. Déclarons enfin, que ces actes ne peuvent être que le resultat de la suggestion des délégués de la République ou de l'oppression dans laquelle ils tiennent encore les malheureux colons qui n'ont pu s'y soustraire ».

Ces lettres, ces adresses, ne sont pas les seules, citoyen collègue, que Dufay, Mils, Belley ayent interceptées. Les citoyens Page et Brulley, commissaires des colons de Saint-Domingue, avoient, le 17 thermidor, récommandé aux citoyens Legrand et Derragis, de distribuer un ouvrage qui demontroit la criminalité de Polverel et Sonthonax, la complicité de Dufay et de ses collègues avec eux. Dufay intercepta cet ouvrage. Il fit plus : il obtint un mandat d'arrêt contre Derragis et Legrand.

Ces deux citoyens ont gémi pendant trois mois dans les prisons du Luxembourg. Cette manière de répondre semble annoncer tout à-la-fois que Dufay est criminel, et qu'il tient à une faction qui saute. Polverel, Sonthonax, Dufay paroisent être à l'entrée de la caverne ; ceux qui les ont fait mouvoir, les environnent de toute leur influence, pour ne pas être mis à découvert.

Je n'examinerai cependant pas si, comme l'ont écrit Page et Brulley, dans leurs notes addressées au comité de salut public, et auxquelles Dufay n'a répondu qu'en supprimant la distribution qui devoit en être faite à la Convention nationale, je n'examinerai pas si Dufay a ou n'a pas été chassé du régiment du Cap, ni pour quelle cause il l'a été ; si pour épouser une femme très-riche et propriétaire de cinq ou six-cens esclaves, il s'est donné dans la société, pour le marquis de la Tour-maubourg ; si dans son acte de mariage, il s'est dit fils de MESSIRE Pierre DUFAY DE LA TOUR, ÉCUYER, ancien brigadier des Gardes-du-corps du Roi, pendant qu'aujourd'hui il se donne, il déclare même à la Convention nationale, qu'il est né de race plébéienne. Je n'examinerai pas si, comme l'ont écrit Page et Brulley, Dufay a dévoré dans les deux ou trois premières années de son mariage, et dans un luxe insolent, la fortune de sa femme; s'il professoit ou ne professoit pas les principes de philantropie, qu'il dit avoir toujours portés dans son cœur. Je n'examinerai pas si, étouffant tous les sentimens de la nature, plus atroce que le tygre, il a, comme Page et Brulley l'ont écrit, cauterisé avec un flacon d'eau-forte, une femme, de manière à ne pas laisser à son époux de doute sur son infidelité.

Je n'examinerai pas si, comme l'ont écrit Page et Brulley, il a ou n'a pas fréquenté le club de Massiac; s'il a ou n'a pas eu des rapports intimes avec Hebert, Ronsin; s'il n'a pas été fêté par eux aux Cordéliers et à la Commune, dans le tems même où Hebert et Ronsin conspiroient. Je n'examinerai pas si des traitres, si Hebert et Ronsin pouvoient donner à cette fête, autant de solemnité, autant d'appareil, sans de grandes considérations. Je n'examinerai pas pourquoi Hebert, Pache, Chaumette, Robespierre, Barrere, Couthon l'ont arraché, lui et ses collègues à la prison, dans laquelle le Comité de sureté générale, l'avoit mis. Je n'examinerai pas comment ils furent subitement jettés dans la Convention nationale.

Je n'examinerai enfin pas s'il ont eu des rapports avec Robespierre.

Mais il me paroît que Dufay a provoqué les brigands à l'incendie de la ville du Cap, au massacre de ses habitans.

Il me paroît que ni lui ni ses collègues ne sont pas Représentans, légalement élus de Saint-Domingue mais bien les agens, les émissaires de Polverel et Santhonax. En effet il paroît que Santhonax a lui-même choisi et nommé Dufay, Mils, Belley et Boisrond pour députés à la Convention nationale; que pour plus de sureté, il a convoqué la commune du

Cap, pour faire élire les mêmes députés déja choisis et nommés par lui, à l'exception de Boisrond qu'à remplacé le mulâtre Mils.

Dufay, Mils, Belley, Boisson, Garnot se disent députés de la province du Nord. Cette province est composée de vingt-sept paroisses. Celle du Cap seulement a été convoquée ; donc il me paroît que Dufay, Mils, Belley, Boisson, Garnot ne sont pas les représentans de la province, ils seroient tout au plus ceux de la commune du Cap.

La loi veut que les Représentans du peuple soient choisis par un corps d'électeurs nommés par les assemblées primaires. Il me paroît que Dufay, Mils, Belley, Boisson, Garnot ont été nommés directement par la commune du Cap.

Il me semble que la nomination de Dufay, Mils, Belley, Boisson, Garnot est le fruit de l'intrigue et du despotisme de Polverel et Sonthonax qui, pour composer cette députation, ont attendu le moment où tous les bons citoyens égorgés ou fugitifs, les laisseroient en mesure de la composer de leurs agens et de leurs complices.

Il me paroît que cette députation n'a pas le vœu des vingt-sept Communes de la Province, mais seulement celui de la Commune du Cap.

Il me paroît qu'elle n'a pas été choisie par un corps d'électeurs de la Colonie, mais seulement par la Commune du Cap.

Il nous reste à examiner dans quelles circonstances, comment et par qui Dufay, Mils, Belley, Boisson, Garnot ont été nommés.

La presque totalité de la province étoit dévastée; les nègres instrumens des royalistes, en avoient fait un vaste cimetière. Ces nègres royalistes coalisés avec Polverel et Sonthonax, s'étoient joints à ceux révoltés par ces commissaires, pour brûler la ville du Cap. C'est alors que sur les ruines de cette ville, au milieu des cadavres de ses habitans, Polverel et Sonthonax choisirent ceux de leurs complices qu'il leur convenoit d'envoyer à la Convention nationale.

Ceux qui composoient l'assemblée dans laquelle Sonthonax a fait nommer ses envoyés, étoient des Affriquains étrangers à la France, et qui aux termes même de la constitution, ne pouvoient ni élire ni être élus. Si ces nègres avoient été citoyens françois, la Convention nationale n'auroit pas, le 16 pluviose de l'an IIe. décrété leur liberté; elle ne leur auroit pas par le même décret, conféré la qualité de citoyens Français. Enfin Mils paroît être né anglais, Belley et Boisson paroissent être nés africains. Ainsi que ceux qui les ont élus, ils me paroissent étrangers à la France; ils me semblent n'avoir rempli aucune des indications commandées par la loi.

Je ne parle pas de la moralité de chacun de ces individus en particulier ; je me borne à la simple exposition de ce que j'ai vu de plus saillant dans les pièces dont j'ai eu connoissance. Je dois sur-tout te faire signaler celui qui cumule contre lui le plus de faits, le plus de charges. Il me semble qu'à sa complicité avec Polverel et Sonthonax ; aux vices de sa nomination à la Convention nationale, Dufay ajoute une double incapacité. J'en trouve la preuve dans les trois sentences, dont suit la copie.

Extrait des minutes du Parc-civil du ci-devant Chatelet de Paris.

« Du mardi deux août mil sept-cent quatre-vingt cinq, sur la requête faite en jugement devant nous à l'audience du parc-civil du chatelet de Paris, par de Sainte-marthe, procureur de Joseph Archier, lieutenant de la compagnie du Lieutenant-criminel de robbe-courte, poursuivant l'ordre et la distribution de la somme de quinze mille livres, consignée, prix de l'adjudication faite le 20 juillet dernier à Pierre-Jacques Pichard, marchand épicier, d'une maison à Paris, rue mondétour, saisie réellement, vendue et adjugée à sa requête, sur Pierre-Louis Dufay, et du reliquat du compte du bail judiciaire, et opposant audit décret, demandeur à fin de compte et ordre, aux fins de sa requête verbale du vingt et un, de la requête répondue de notre ordonnance dudit jour, et de l'assignation d'Habert dudit jour, controllée et présentée cejourd'hui par François, défendeur aux défenses des vingt-cinq et vingt-six suivant, les reponses du vingt-huit, assisté de Duvivier, avocat, contre Ozanne, procureur de Thyéry Guillaume Dufay, avocat, et de Suzanne-Sophie Dufay, son épouse; Creton, procureur en son nom, et encore du nommé Navaille maître-tailleur d'habits, et plus ancien des procureurs opposans; Bourgeois, procureur de Jean-Baptiste Delchigaray Dechard, négociant; Gaillard, procureur d'Elisabeth Rainville, veuve de Pierre-Martin Petit-jean, maître-Chapellier; Noël, procureur de Philippe-Marcel Crevent, maître-tailleur d'habits; Saudrin, procureur de Jean-Louis Roger, maître-tapissier, tous opposans audit décret; Le-Febvre jeune, procureur de François-Nicolas Lehouteille, médecin, opposant en hipotheques; Preuvet procureur de Nicolas-Coulon, commis de l'exercice de l'office de commissaires aux saisies réelles, deffendeurs. Et contre Pierre-Louis Dufay, bourgeois de Paris, partie saisie défendeur et défaillant.

Partie ouïes entre lesdits Duvivier, Saudrin, Créton, Noël et Peuvret, et par vertu du défaut de nous donné contre lesdits d'Ozanne, Bourgeon, Gayard et Lefebvre et ledit Dufay non comparant, ni autres ni procureurs pour eux dûment appellés.

Lecture faite des pièces et de l'avenir pour plaider à ce jourd'huy. Nous condamnons la partie de Peuvret à rendre compte devant Beaudet-Dularry, commissaire, qu'à ce commettons, de la gestion qu'il a eue du produit des beaux judiciaires de la maison dont il s'agit : comme aussi nous disons qu'à la requête, poursuite et diligence de la partie de Duvivier, il sera Procédé à l'ordre, tant du reliquat du compte des baux judicaires que de la somme de quinze mille livres, consignée par Pierre-Jacques Pichard adjudicataire, és mains du q el commissaire les opposans au décret et aux hypothèques seront tenus de produire dans huitaine leurs titres de créance, pour, sur iceux être procédé au dit ordre et distribution. »

Disons que dans le dit délai le dit Dufay partie saisie, avec lequel nous déclarons notre présent jugement commun, sera tenu de rendre communication des titres des dits créanciers et du dit compte, les accorder ou contester, apporter quitance et pièces de délibération, si non qu'il sera procédé aux dittes opérations, tant en absence que présence, et le condamnons aux dépens envers toutes les parties, que celle de l'œuvret retiendra par ses mains, dont celle d'Ozanne sera remboursée par privilége comme de son dû, traitons, aussi par privilége comme procureur plus ancien des opposans, celle de Duvivier aussi par privilége et frais extraordinaires de criées et de poursuite d'ordre, et les autres opposans, comme de leur dû, desquels faisons distractions aux procureurs des parties, auxquels mandemens seront délivrés en leurs noms à acquitter iceux, le receveur des consignations contrain ; quoi faisant, déchargé et les autres opposans comme de leur dû, exécuté et soit signifié ».

Extrait des minutes du Parc-civil du ci-devant Chatelet de Paris

« Du mardi trente août mil sept cent quatre-vingt cinq, sur la requête faite en jugement devant nous à l'audience du parc-civil du châtelet de Paris par de Sainte-Marthe procureure de Joseph Archier, lieutenant de la compagnie du lieutenant criminel de Robe-courte, poursuivant ordre sur Louis-Pierre Dufay, demandeur au principal et en éxécution de la sentence du deux du present mois et aux fins de la requête verbale du 26, assisté de Duvivier, avocat. »

« Contre Delassale procureur d'Henry-François Dubois, maître peintre à Paris, opposant aux hipothèques sur le dit Dufay, par acte registré le deux de ce mois, défendeur et deffaillant; oui le dit Duvivier en son plaidoyer par vertu du défaut de nous donné contre le dit Delassale audit nom, non comparant ni autre pour lui dument appellé. Lecture faite des pièces et de l'avenir pour plaider à ce jour d'huy. Nous déclarons commune avec la partie Delassale, notre sentence du deux du présent mois qui ordonne l'ordre du prix en question devant le commissaire Dularry, laquelle sera exécutée selon sa forme et teneur, dépens compensés dont la partie de Duvivier sera remboursée par privilège en frais de poursuite d'ordre, desquelles faisons distraction à Sainte-Marthe procureur, au quel mandement en sera delivré en son nom et celui Delassale comme de son dû. »

A ces deux sentences qui semblent constater la faillite de Dufay, nous pouvons ajouter celle qui le déclare coupable de stellionat. L'état de faillite le rend d'autant plus indigne de siéger au sein de la Convention nationale, qu'il se trouve encore vis-à-vis de ses créanciers, dans le même état qu'il étoit alors : il n'a pas même acquité les sommes, pour lesquelles il a été condamné comme stellionataire.

Extrait des minutes du cidevant Châtelet de Paris.

« Du vingt-un août mil sept cens quatre-vingt sept. Vû le defaut faute de comparoir, obtenu au greffe le deux de ce mois par de sainte-Marthe procureur eureur de Joseph Archier, en son nom et caution du nommé Dufay envers Pierre Perrein, qui a cédé ses droits à Jean Galand, greffier dudit châtelet demendeur, suivant l'assignation d'Habert du 14 juillet dernier, controllée et presentée contre Louis-Pierre Dufay, bourgeois de Paris, défendeur et défaillant. Vu aussi ledit exploit et pièces y énoncées, tout vu et considéré :

Nous avons ledit défaut déclaré bien obtenu et pour le proffit condamnons le défaillant *même par corps, comme* STELLIONATAIRE, à payer au demandeur six mille quatre cens livres, dont deux mille quatre cens livres, montant de l'obligation par lui souscrite à son proffit, devant Trudon de Boissy, notaire, le 3 mars, mil sept cent soixante et dix sept, *portant une fausse déclaration, sous peine de stellionnat, que c'étoit la première qu'il avoit contractée en majorité, et quatre mille livres, montant d'une autre obligation par lui souscrite au proffit de Parrein, devant Lachaize, notaire, le 3 juillet suivant, contenant pareille fausse déclaration sous le cautionnement du demandeur, qui a remboursé laditte somme à Gallaud, cessionnaire dudit Parrein : plus, deux mille sept cent soixante livres, douze sols, dix deniers, pour les intérêts des dittes deux sommes,* déduction faite des impositions échues le 14 juillet dernier et celles à échoir jusqu'au payement actuel ; plus et enfin quatorze cens quarante sept livres treize sols huit deniers pour frais et mises d'exécution et autres relatifs taxés par exécutoire du parlement du 14 juin 1780 avec les intérêts du jour de la demande. En payement de laquelle dernière somme il sera contraint par corps, après les quatre mois de retard, suivant l'ordonnance, et aux dépens, ce qui sera exécuté nonobstant et sans préjudice de l'appel ; et sera notre présente sentence signifiée dans la forme de l'édit, par Marion, huissier audiencier, qu'à ce faire

D

commettons. Jugé le vingt août mil sept cent quatre-vingt sept. »

Cette sentence, citoyen collègue, a demeuré sans appel, elle a aussi demeuré sans payement. Et cependant Dufay siège dans la Convention nationale!! . . . . Dufay *banqueroutier*, Dufay convaincu d'avoir fait à justice trois fausses déclarations, Dufay coupable de stellionat, siège parmi les Représentans du peuple ! ! ! . . . . Dufay ne seroit pas l'agent, le complice de Sonthonax et Polverel ; Dufay ne seroit pas l'homme qui le 21 juin, au nom des commissaires commandoit aux nègres l'incendie et l'assassinat ; Dufay seroit le vrai représentant du peuple, nommé par les colons réunis paisiblement et librement en assemblées primaires, au lieu d'être l'émissaire de Polverel et Sonthonax, choisi et nommé par eux, qu'il ne pourroit aux termes de la loi siéger plus longtems au sein de la Convention nationale, d'après les actes que je viens d'exposer.

Dira-t-il qu'il étoit en minorité, quand il a contracté les obligations qui ont donné lieu à ces diverses sentences ? Dira-t-il que ces engagemens sont le fruit d'une jeunesse fougueuse ? . , . mais, Citoyen collègue, quelle opinion dois-je porter de Dufay, lorsqu'à trois fausses déclarations condamnées par justice, se réunit un concours de circonstances qui semblent indiquer une immoralité soutenue ! Pourquoi par exemple, a-t-il été mis aux prisons de La-force, le 26 février 1788, dans un tems où cette prison n'étoit consacrée qu'à mettre en sureté les escrocs et les perturbateurs de l'ordre social ?

Extrait des registres du greffe de l'hôtel de la Force, du vingt-six février, mil sept cent quatre-vingt huit, huit heures du soir.

« Le sieur Dufay négociant arrêté par nous Pierre de Lebrun officier-garde du commerce, demeurant à Paris, rue Saint Denis, paroisse Saint Jacques et des SS. Innocens, soussigné, a été emmené et écroué ès prisons dénommées, conformément à l'ordonnance de Monsieur le Lieutenant-civil, en vertu d'une sentence rendue en la chambre foraine du Chatelet de Paris, le dix-huit février, mil sept cent soixante dix-huit, à la requête de la veuve Pierre-Martin Petit-Jean, marchande chapelière, demeurant à Paris, place et pont Saint-Michel, pour laquelle domicile est élu en la demeure de Mtre. Gayard, procureur au chatelet de Paris, y sise rue de la Tisseranderie; et encore en vertu d'une ordonnance de mon-dit sieur le Lieutenant-civil, rendue aujourd'hui sur référé. Ledit sieur Dufay écroué faute de payement de la somme de deux mille quatre cent quatre-vingt-huit livres de principal, et de celle de onze cens........ avons consigné au greffe dénommé, douze livres dix sols pour le premier mois et par avance des alimens dudit sieur Dufay, auquel nous avons, parlant à sa personne entre les guichets de ladite prison, comme lieu de liberté, laissé copie de notre procès-verbal contenant le présent écrou. »

Signé, LEBRUN.

Il est sans-doute assez bizarre de voir Dufay, se dire marquis, comte, baron de la Tour-Meaubourg, lorsqu'il croit que les qualifications peuvent lui aider à tromper une femme qu'il vouloit prendre et qu'il a effectivement prise en mariage. Il est bizarre de le voir se dire négociant, lorsqu'il veut faire à la citoyenne Petit-Jean une escroquerie, dont les détails et les circonstances ajoutent à la criminalité de l'acte lui même. Mais ce qui acheveroit de caractériser la perversité de cet homme audacieux, c'est la part qu'il paroit avoir prise dans les vols et le pillage de la ville du Cap. Nous en trouvons la preuve dans la déclaration suivante.

« Je soussigné déclare que pendant mon séjour à Philadelphie et à l'époque du mois de novembre 1793, j'appris l'arrivée de deux bâtimens sur l'un desquels étoit Galinau-de-Gascq et sur l'autre Dufay et plusieurs passagers ; que divers français réfugiés depuis l'incendie du Cap, se transportèrent aux deux Calles où étoient mouillés ces bâtimens. Que Galinau-de-Gascq fut trouvé dans celui où il étoit venu avec des caisses et malles remplies de bijoux, d'or, d'argent et autres effets. Qu'à cette vue les colons pénétrés d'indignation, l'accablèrent de reproches; mais que pour éviter les voyes de fait, qui alloient devenir la suite de ces découvertes et de cette rencontre, les américains firent retirer les français pour soustraire Galinau-de-Gascq à leur juste fureur. »

« *Que dans l'autre bâtiment où étoit venu Dufay, les colons n'y trouvèrent qu'une partie des nombreuses caisses et malles qu'il avoit apportés ; qu'elles furent défoncées sur le pont, et que chacun y reconnut sa propriété; que néanmoins l'autorité amériquaine, qui s'étoit transportée à bord, pour empêcher l'effervescence naturelle à des hommes qui reconnoissent leurs bourreaux et leurs spoliateurs, empêcha toutes voies de fait, tous enlévemens des effets, et en fit faire la remise chez le Consul français.* »

« Je déclare que sur la nouvelle répandue, que dans l'une de ces caisses étoient renfermés des tableaux précieux, qu'on annonçoit appartenir au citoyen Gérault, ancien trésorier au Cap, le citoyen Roberjot son fondé de pouvoir, se transporta au consulat de Philadephie où avoient été déposées lesdites caisses, et qu'en ma présence et celle de plusieurs autres colons, « il reconnut lesdits tableaux pour » appartenir effectivement au citoyen Gérault ; » j'ignore cependant si l'identité en a été légalement constatée.... ».

« Je déclare qu'aucun des effets n'a été distrait et que tous ont été déposés au consulat de Philadelphie ; et dans l'un et l'autre cas Dufay et ses collègues ne peuvent parler de leurs effets, de leur argent, sans convenir qu'ils avoient été du parti et du nombre de ceux qui avoient pillé dans l'incendie du Cap et non pas de ceux qui avoient été spoliés ; puisqu'il est vrai qu'à Philadelphie comme dans toutes les autres villes du continent, il n'étoit pas un français réfugié de Saint-Domingue, qui n'ait été vêtu et nourri par la charité Américaine ; et que si ceux qui visiterent le bord où Dufay étoit passé, avoient effectivement pris des effets et de l'argent, ils n'auroient fait que reprendre ce qui leur appartenoit : « ce que Dufay et ses collègues avoient volé lors » de l'incendie du Cap ».

Citoyen collègue, ou toutes les pièces que tu viens de lire sont fausses, calomnieuses, et supposées, ou Dufay me semble être le plus criminel de tous les hommes ; la Convention nationale doit se hâter de le rejetter de son sein. . . . .

Que Dufay ait usurpé les titres et qualifications de la noblesse, lorsque cette usurpation servoit ses passions et son intérêt :

Que Dufay ait été mauvais époux, mauvais citoyen :

Que Dufay ait été l'agent, le complice de Polverel et Sonthonax ; qu'il ait provoqué l'incendie et l'assassinat :

Qu'il ait été un escroc, un banqueroutier, un stellionataire, Dufay seroit bien coupable sans-doute !

Mais que gorgé de sang et d'or il ait usurpé la Représentation nationale ; qu'à l'aide de faux pouvoirs il soit venu, ainsi que ses collègues, égarer la Convention nationale ; et chercher dans son sein l'impunité de ses forfaits et de ceux de Polverel et Sonthonax : ce seroit-là le comble de l'impudence et de l'audace.

Si Dufay, si ses collègues ne sont pas coupables des crimes dont on les accuse, ils demanderont à la Convention nationale justice de leurs accusateurs. Ils demanderont cette discussion contradictoire que leurs adversaires ne cessent de provoquer ;

cette discussion contradictoire, qui seule peut jetter un grand jour sur l'affaire des Colonies.

FIN

N. B. Après cet ouvrage fini, on me remet deux pièces dont il est essentiel que je donne connoissance.

L'une prouve, 1° que Dufay a été membre du club Massiac ; 2° qu'il a eu à Saint-Domingue deux places dont l'une de 80,000 liv. et l'autre de 24,000 livres qu'il devoit aux soins de Polverel et Sonthonax.

L'autre est une proclamation de Polverel et Sonthonax du 5 mai 1793 (*v. s.*); elle portoit que les nègres en armes étoient des révoltés et des brigands. Je vais en transcrire le texte traduit en françois : car cette proclamation, faite pour des hommes qui n'entendent pas la langue françoise, a été publiée en langage Créole.

ARTICLE XXXIV. Tout esclave qui sera resté maron (fugitif) pendant un mois à compter du jour que son maître l'aura déclaré en justice, quand il sera pris, aura les oreilles coupées, et sera marqué sur l'épaule gauche de la lettre *M*.

ART. XXXV. Tout esclave qui aura quitté les camps des *révoltés*, pour rentrer chez son maître un mois après la publication de la présente proclamation, il ne lui sera rien fait, mais s'il retourne maron (fugitif) il aura les oreilles coupées et sera marqué sur l'épaule gauche de la lettre *M*.

ART. XXXVI. Tout esclave maronnier (coutumier d'être fugitif) qui aura déjà eu les oreilles coupées, qui aura été marqué sur l'épaule gauche de la lettre *M*. s'il retourne encore maron (fugitif) pendant un mois, aura le jaret coupé et sera marqué sur l'épaule droite de la lettre *M*.

Le surplus de cette proclamation est dans le même genre.

Qu'on juge maintenant des motifs qui ont déterminé ces hommes à donner la liberté aux nègres. Est-ce par philantropie qu'ils ordonnoient de leur couper les oreilles et les jarets !

www.ingramcontent.com/pod-product-compliance
Lightning Source LLC
LaVergne TN
LVHW020045090426
835510LV00040B/1415